GIGANTES, CABEZUDOS Y GARGANTÚA EN BIZKAIA

Borja Romero Landeta · Aitor Santamaria Zuluaga

Bizkaia
foru aldundia
diputación foral

© Bizkaiko Foru Aldundia.
Euskara, Kultura eta Kirol Saila
Diputación Foral de Bizkaia
Departamento de Euskera, Cultura y Deporte
© Borja Romero Landeta y Aitor Santamaria Zuluaga

Textos y diseño portada:
BORJA ROMERO LANDETA
AITOR SANTAMARIA ZULUAGA

Diseño y maquetación:
ÁLEX OVIEDO
KIKE INFAME

Primera edición:
Septiembre 2024

LG:
BI 878-2024

ISBN:
978-84-7752-234-8

www.bizkaia.eus/argitalpenak

GIGANTES,
CABEZUDOS Y GARGANTÚA
EN BIZKAIA

Borja Romero Landeta • Aitor Santamaria Zuluaga

Índice

Índice

A nuestras familias y amigos, por empujar siempre en buena dirección,
a todas esas personas que han sido, son y serán parte de esta comunidad de apasionados por las figuras de gran tamaño,
y a dos niños curiosos que, hace aproximadamente 25 años, se aventuraron en el abismo del Gargantúa con un miedo visible
y hoy culminan la redacción de estas líneas.

Introducción

Asombro, alegría, respeto, curiosidad, miedo o admiración son algunos de los sentimientos que generan los gigantes, los cabezudos y el Gargantúa a su paso entre la multitud. Y es que, aunque las emociones descritas puedan resultar muy dispares entre sí, todas ellas se suelen manifestar alguna vez en torno a estas figuras. Este desfile va más allá de lo visual para tocar aspectos culturales e históricos, y se convierte en un testimonio palpable de cómo estos personajes trascienden la barrera del tiempo para conectar generaciones a través de su presencia.

Aunque los gigantes y cabezudos (y en gran medida el Gargantúa) estén estrechamente relacionados entre sí, cada uno presenta un aspecto diferente y unos rasgos muy significativos que caracterizan de forma unívoca las figuras. Los gigantes son personajes de gran altura que bailan al son de la música, generalmente portados por una persona que se introduce bajo las faldas del mismo. Los cabezudos son personajes rebeldes y juguetones, que con su gran cabeza corren detrás de los más pequeños buscando víctimas para golpear con la vejiga. El Gargantúa se define como un aldeano gigantón sentado con la boca abierta dispuesto a engullir a todo aquel que se arme de valor, para luego ser expulsado por la parte trasera del personaje.

Ejemplos de estos personajes pueden ser encontrados en muchas localidades, cada cual caracterizado de diferente manera. Y es que, hablar hoy en día sobre gigantes y cabezudos resulta algo cotidiano, usual. Estas figuras se han convertido en paisaje habitual de las fiestas de los pueblos y ciudades. Muchos municipios los adquieren para alegrar las calles y vecindarios, pasando a convertirse en símbolos arraigados dentro de la identidad cultural de las comunidades que los bailan y portan con orgullo. No obstante, son múltiples los factores que influyen a la hora de comprar imaginería festiva, razón por la cual las figuras aparecen entre localidades de manera asíncrona y sin un orden aparente, debiéndose en muchos casos a la importancia cultural y las tradiciones de los distintos lugares. Bizkaia es un buen ejemplo de ello.

Y es que, aunque fechar el inicio de esta tradición tan normalizada hoy en día en el territorio resulte una tarea compleja, todo parece indicar que su prórroga en el tiempo está asegurada, ya que a lo largo de los años estas figuras han conseguido hacerse un hueco en la historia de las localidades vizcainas, consiguiendo que tanto niños como mayores admiren las imágenes y el valor cultural que estas han ido labrando.

El presente libro centra su investigación en los gigantes, cabezudos y Gargantúa de la provincia de Bizkaia, con especial énfasis en las figuras de la Villa de Bilbao. Se hace un recorrido por los diferentes acontecimientos a lo largo de los años, creación de nuevas figuras y desaparición de algunas de estas. Se describen y contextualizan las personas que en cada municipio han sido representadas a través de las figuras de gigantes o cabezudos, además de incluir ilustraciones de todas y cada una de las imágenes que a fecha de la publicación del presente libro pueden encontrarse en los diferentes pueblos de Bizkaia, junto con la descripción de los autores, salidas reseñables que han ido haciendo o cambios en la comitiva de personajes.

Sirva esta publicación para dar a conocer la historia tras los gigantes, cabezudos y Gargantúa que ha conocido Bizkaia. Y, de igual manera, que este libro sea inspiración para iniciar o continuar investigaciones relacionadas con este tema que a tantas personas nos genera una extraña sensación de curiosidad, intriga y emoción.

Gigantes de Bilbao

1654-1851

Poder concretar la fecha exacta en la que los gigantes y cabezudos aparecen por primera vez en Bilbao resulta una tarea imposible. Sin embargo, gracias a intensas investigaciones llevadas a cabo por autores como Iñaki Irigoien (Bilbao, 1935) o por el historiador Teófilo Guiard (Bilbao, 1876 - Bilbao, 1946) se ha logrado recopilar una amplia información sobre estas figuras a lo largo de la historia de la Villa y poder así apreciar la larga tradición de estos personajes en la vida bilbaina.

Las primeras referencias de gigantes y cabezudos en la península Ibérica aparecen a finales del siglo XIII en la fiesta del Corpus Christi, donde el aliciente principal es la procesión en la cual participan los vecinos del municipio o ciudad y en el que danzantes, gigantes y cabezudos dan colorido al desfile. En ciudades como Barcelona o Sevilla esta festividad goza de gran tradición. Bilbao se une a la lista, y es que en las ordenanzas de 1509 ya se encuentran menciones al citado festejo.

Aunque en el libro de San Antón de 1560 se menciona un pago al «tambolinero y a los momos que por dos días que andubieron por la villa»[1], (tomando "momo" como máscara o cabeza), la primera alusión real sobre nuestros personajes la encontramos en 1654, concretamente en el libro de cuentas de la Cofradía del Santísimo Sacramento de San Antón, donde figuran los bienes traspasados de Francisco de Ocariz, anterior mayordomo, a Martín de Estrada, con lo que la existencia de estas figuras en Bilbao muy probablemente sea previa al citado año. Dicho libro recoge «(...) Y mas quatro vestidos de los Jigantones de CasaPu...»[2] (el estado del documento impide conocer la última parte), el cual permite conocer el número de figuras que pasean por aquella época. El investigador Iñaki Irigoien realiza una extensa recopilación[3] de los escritos recogidos en el mencionado libro de cuentas y en base a ello agrupamos los datos de mayor relevancia que se presentan a continuación.

En 1659 se pintan las caras de las figuras y, al año siguiente, es Lequerica quien se encarga de su restauración. Destaca el pago, en 1661, a «quatro hombres Yrlandeses por su trabajo de traer dichos Jigantes en las procesiones del día de Corpus y Octava», no volviendo a realizarse mención alguna sobre extranjeros portando gigantes. Ya en 1671 constan los barrenderos como porteadores de los gigantes, manteniendo dicha tradición durante siglos. Entremedias, en 1663 existe un pago de «6 caratulas que hize traer de San Sebastián». Teófilo Guiard, en su Historia de Bilbao, indica que «en una libranza acordada por el Concejo en septiembre de 1667 se ordena entregar a Miguel Olcoz "tres mil e seiscientos veinticuatro reales por la costa que se ha hecho en hacer los bultos y vestidos de cuatro gigantes y dos enanos para la procesión del día de Corpus y octava"».

En 1693 el encargado de componer «caratulas de los Jigantes y Rabís» es Antonio de Ibernia, mientras que el Sacristán se encar-

1. IRIGOIEN, Iñaki; GAMINDE, Jon: Gigantes y cabezudos en Bizkaia. 1998 (pág. 6).
2. Archivo Foral de Bizkaia. Libro de cuentas de la Cofradía del Santísimo Sacramento de San Antón (pág. 1).
3. IRIGOIEN, Iñaki: Las Fiestas de Bilbao: danzas y música entre los siglos XVI y XIX (I). 2006.

ga del cuidado de las figuras, así como de vestir y desvestirlas. En 1699 se paga «*por dos caras nuevas de Jigantes y otras de enanos que vinieron de Valladolid con su conduzion costaron 345 Rs*». Al año siguiente se compran otras dos caras, también en la ciudad vallisoletana. El gasto «*por una corona nueba para un Xigante, 12 reales*» realizado en 1709 deja claro el carácter monárquico de la figura. Años después, en 1727, se abona al pintor encargado «*por la composición de Máscaras y vestidos de Ravis y caras de Xigantes y Xigantillas*», así como «*fo o paja, para llenar los vestidos de los Xigantes*». Durante diez años (1737-1747) Francisco de Loyola es el encargado de la composición de los gigantes, mientras que, desde 1748, es Justin de Urrechi el responsable de dicha tarea. En 1771 y posteriores consta Manchube como cuidador de los gigantes[4].

En 1656 se nombran por primera vez unos personajes que, durante años, son compañeros inseparables de los gigantones: «*a dos Ravis que andubieron el dia de Corpus y su octava*». Es necesario realizar un inciso y acudir a Teófilo Guiard para entender el significado de la palabra Rabí: «*Vale por enmascarados y eran llamados así vulgarmente en Bilbao, corriendo el siglo XVIII, los mozos que disfrazados y en mogiganga, armados con vegigas, andaban la Villa en algunas ocasiones de regocijos público*»[5].

Ese mismo año, en las cuentas de la Cofradía de la Misericordia se registra un pago el 22 de junio (día de la octava) por «*dos caratulas que compre para dos Rabis que hubo y 1 Rs. 1/2 para bexigas 3Rs 1/2*», quedando patente que otras cofradías contribuyen con sus aportaciones a fin de asegurar la participación de los Rabís en las procesiones del Corpus, no habiendo constancia previa sobre este tipo de aportaciones.

En 1676 se compran «*ocho caratulas que se hiçieron traer de Bitoria para los rabis*», mientras que en 1682 son tres, pagándose «*por dar pintura a tres libreas para los rabis*». Durante los años poste-

riores se siguen adquiriendo carátulas para ellos. Llama la atención el pago en 1686 de los casquetes que figuran en la misma cuenta, demostrando así que las cabezas estaban cubiertas (por sombreros o cascos). Al año siguiente las carátulas se traen nuevamente de Vitoria y sus vestidos son adornados por el sastre.

En el pago de 1727 se aprecia claramente que las caretas de los Rabís son diferentes de los otros personajes. Dice así: «*(…) composicion de mascaras y vestidos de ravis y caras de Xigantes y Xigantillas al pintor*». Al parecer solamente eran máscaras y no cabezas.

A los gigantes y a los Rabís los acompañan otras figuras denominadas gigantillas. Tienen una menor estatura que los gigantes, no requieren de armazón y su cabeza está a la altura de las personas que los portan. Son personajes con caras o cabezas que pasean junto a los Rabís, diferenciándose de estos al no llevar caretas y al portar sonajas o sonajeros y no vejigas. Con el paso de los años Rabís y gigantillas se fusionan, formando así los actuales cabezudos que pasean por las calles.

En un principio, las gigantillas se denominan enanos. Localizamos dicho apelativo en la primera referencia sobre estos personajes, datada en 1659, cuando se pagan «*cien rs. a dos enanos y a dos rabis y el dragon*».

En 1668 se les llama gigantillas al pagarse «*a dos muchachos que trageron las Gigantillas*». Se vuelven a comprar «*caratulas nuevas para ravis y enanos*», repitiendo en número: «*dos rabis y dos enanos*».

En 1682 son «*tres rabis y dos enanos*», a los que se paga su sueldo, almuerzo, socorros, zapatos y «*medias para los tres rabis y dos Gigantillas*». Aquí se aprecian mezcladas las denominaciones de Enanos y Gigantillas lo que constata que se refieren a los mismos

4. Archivo Foral de Bizkaia. *Libro de cuentas presentadas por los mayordomos de la Cofradía de los Santos Juanes de la villa de Bilbao correspondientes a los años de 1684 a 1850* (pág. 152).
5. GUIARD, Teófilo: *Historia de la Noble Villa de Bilbao (Volumen 3)*. 1912 (pág. 614).

personajes. Dicho año se pintan «*las caras de los Gigantes y Gigantillas*» mientras que en 1689 se indica «*3 caratulas menores para ravis y 2 mayores para enanos y su traida*», evidenciando diferentes tamaños entre los personajes.

En 1686 se compran «*caratulas y casquetes para ravis y enanos*», indicando así que llevan el casco cubierto, pudiendo ser de pelo o con un sombrero. En 1695 el pago es por «*6 pares de medias y zapatos que se dieron a quatro que se havian de bestir de Rabis y dos de Henanas*». Es la primera referencia de sexo femenino.

En 1727 se encuentra de nuevo un pago que distingue los diversos elementos de cada tipo de figuras: «*por la composición de máscaras y vestidos de Ravis y caras de Xigantes y Xigantillas al pintor*». Posteriormente, se van componiendo y reparando estas caras, siendo el pago de 1730 el más significativo, en el que se apunta el coste por el «*reparo de las cavesas de las henanas*», lo que hace indicar que eran cabezas enteras, como los cabezudos de hoy en día.

La procesión del Corpus se completa con otros personajes hoy en día desaparecidos en Bilbao: La Tarasca y el caballo de cartón. La primera se presenta por primera vez en 1655, al abonarse: «*44 reales al cachidiablo y dragon*». Sobre el Cachidiablo no aparecen más referencias en el libro de cuentas, desconociendo si se trata de otra forma de designar al dragón o son dos personajes distintos. En cambio, el segundo aparece en otras cuentas del libro, como es el caso de 1671, en el que se señala en el pago «*(...) de traer la çierpe a cada uno a 20 reales*». Dragón o Sierpe son las diferentes denominaciones para esta figura.

En 1701 se paga «*por un dragon que hizo dicho pintor (Antonio de Ibernia) por un sincho para traer el dragon con su bolza para encaxar el palo*». Este último pago indica la forma de portar esta figura, que, según la nota, es sobre la punta de un palo cuya base se sujeta en una bolsa colocada en la cintura del portador. Este se viste con una saya, desconociendo si iba a cara descubierta o no.

Igualmente se ignora el tamaño del dragón que se soporta en la punta del palo.

Con motivo de las fiestas por la inauguración de la nueva iglesia de San Nicolás en 1756, Juan E. Delmas indica que «*salieron de paseo la tarasca (la tarasca que era compañera de los gigantes y enanos y que como ellos salía en la procesión del día del Corpus, debió inutilizarse algunos años después), los gigantes y los enanos acompañados de la banda de tamborileros y dulzaineros que recorrieron todas las calles seguidos de gran tropel de vecinos y de aldeanos de las cercanías*»[6]. El autor recoge dichos actos en 1881, año en el cual esta figura no consta en el elenco que participa en las procesiones.

Respecto al caballo de cartón, en 1732 se recoge el pago por la composición de «*un cavallo de carton*», siendo Joseph de Labeaga (encargado de las cabezas de los gigantes, enanas y las máscaras de los Rabís) quien construye la figura.

Al año siguiente se vuelve a abonar a Joseph de Labeaga «*por pintar el cavallo de carton y demas adriesos*» siendo restaurado un año después. En 1738 se abona «*a Francisco de Loyola por la composicion de los Jigantes y el caballo de carton*», repitiéndose en los años sucesivos cargos por restauraciones de la figura. No hay referencias del caballo de cartón en documentación posterior al citado libro de cuentas.

Guiard describe así a las figuras: «*En 1730 los gigantones afirman una visión que recuerda la de nuestro embobamiento de chiquillos; el gigantón primero mostraba un esbozo de casaca, corbata, su conjunta vestía a lo señoril, y aparecen dispuestos con entera perfección de atributos el moro y la mora. Se extinguía rápidamente la primitiva torpe representación asignada a los figurones, deseábaseles para realce más apropiado y noble de las fiestas populares y exhibiósele ya en otras festividades que la del Corpus Christi, en los días de Carnaval y solemnidades públicas mayores y conmemoraciones reales. Desnudados de aquellas fealdades, se compusieron,*

· · · · · · · · ·

6. DELMAS, Juan Eustaquio: *La iglesia de San Nicolás: su pasado y su presente*. 1881 (pág. 40).

en fin, a declinar el siglo XVIII, los tipos de los cuatro gigantones que más perseveraron, el figurón cabeza de la hueste gigantea envuelto en larga capa roja, anudada en sus puntas, chaleco blanco floreteado y tricornio, el "don Terencio" que alcanzó nuestra época, su dama "doña Tomasa", tocada con mantilla y peineta de teja, llevando graciosamente reclinado sobre los pechos el vistoso gigantesco abanico, y la pareja el moro y la mora»[7].

Las figuras continúan haciendo acto de presencia en las procesiones, incluso a pesar de la prohibición en 1780 de Carlos III mediante una Real Cédula de la presencia de gigantones y danzantes en las procesiones por considerarlo algo *«poco conveniente a la gravedad y decoro que en ellas se requiere»*. Igualmente, las salidas de los gigantes no se limitan al Corpus, sino que ya son un complemento en recibimientos o importantes celebraciones:

«Que S.M. nos obsequiaba con un Real vástago... los gigantes a la calle! Que las tropas españolas habían ganado una batalla en Marruecos... a la calle los gigantes! Que se organizaba una cabalgata con algún fin benéfico... los gigantes por delante! Que llegaba el Corpus... pues media hora antes de la procesión ya estaban danzando los gigantes por la enarenada carrera que aquella había de recorrer!»[8].

La publicación *Descripción de Bilbao en el verano de 1797* realizada por Christian August Fischer aporta una descripción más detallada de los gigantes: *«Abrían la marcha cuatro figuras gigantescas con vestidos ridículos. Eran dos hombres y dos mujeres con fisonomías sumamente grotescas. Portaban pelucas largas de cera y tocados de papel encerado colorado; vestidos patriarcales de ceremonia de viejas casullas y Adriennen de cortinas de cocina en desuso. Tenían tabaqueras para rapé, grandes como platos y abanicos largos como varas; buscaban a la gente en los balcones, a las que golpeaban para besarlas y bailaban en cada esquina un divertido fandango.*

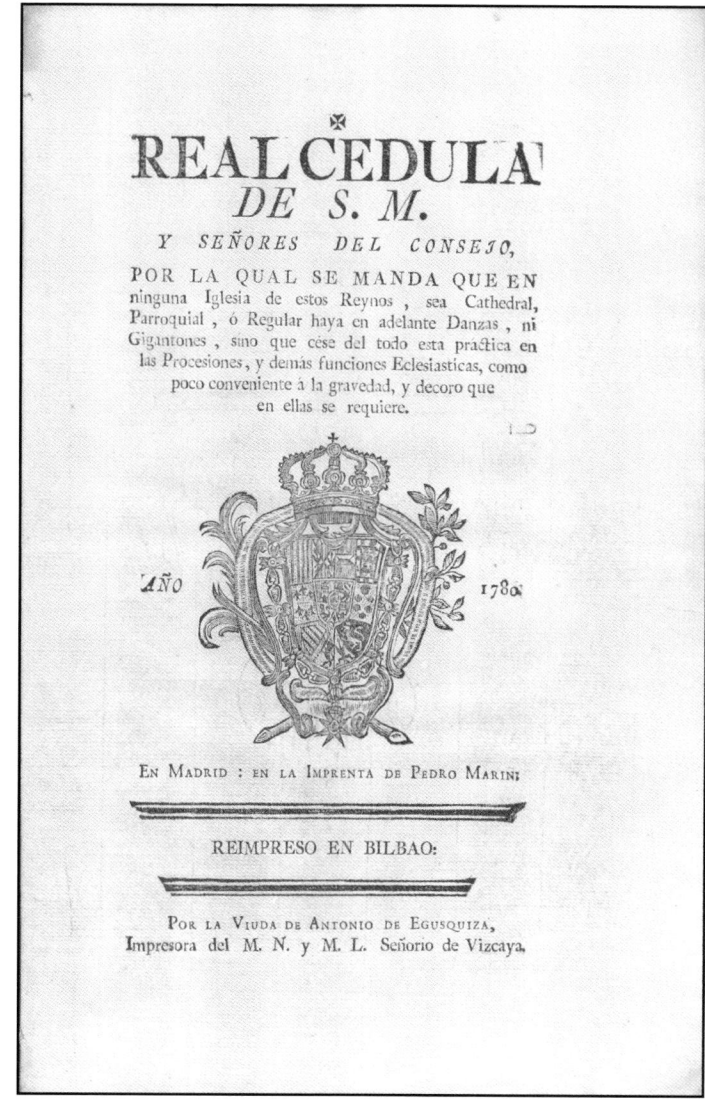

Real Cédula de 1780 prohibiendo gigantes en procesiones. *Archivo Sancho el Sabio.*

. . . .

7. GUIARD, Teófilo: *El Liberal.* 21 de agosto de 1927 (pág. 8).
8. DE ARRIAGA, Emiliano: *Vuelos cortos intentados, emprendidos y realizados por un Chimbo.* 1894 (pág. 30).

¿Cómo es posible esto? De la manera más natural del mundo. Todas las figuras con excepción de cabeza y brazos no son otra cosa que armazones de aros sobre los cuales se cuelgan los vestidos y bajo los cuales se esconde un porteador».

Pocos años más tarde, sin poder especificar la fecha exacta, el número de gigantes aumenta a seis. El alemán Philipp Joseph von Jariges vive en primera persona la festividad del Corpus Christi en Bilbao, plasmándolo en su obra *Viaje de von Jariges desde Bayona a Vitoria, Bilbao y Burgos en 1802*, traducida al castellano por Justo Garate. Von Jariges así lo narra: «La fiesta del Corpus y la de San Juan, se caracterizan bastante extrañamente, por las colosales figuras con las cuales se inicia la larga procesión. El número de ellas es de seis y con las figuras más sorprendentes y grotescas que puede uno pensar, se podía creer que sólo tienen el fin de tomar ridículas a las viejas modas de Franconia pues allí camina por ejemplo un burgués mezquino completamente con un viejo vestido, del cual cada parte está desfigurada para una caricatura; también hay dos extrañas moras ataviadas cuyos pequeños abanicos hacían un contraste con el enorme tamaño de su cuerpo. Las informes figuras son de tal altura que llegan hasta el segundo piso de las casas; especialmente sirven para diversión de la juventud que salta a su alrededor bromeando. Quizá debían personificar las cuatro partes del mundo; por lo menos se les ve no rara vez a éstas, representadas en trabajos de figuras españolas, como una imitación hiperbólica por lo menos, del dominio, en otro tiempo sumamente extendido, de los españoles. O querrían representar la diferencia entre los profanos y los santos. Calderón utiliza en su drama "La puente de Mantible" estas figuras gigantescas con las palabras del gracioso Guarín: "¿Giganticos hay también Sin ser día del Señor?"».

Tanto los gigantes como los cabezudos sufren una reposición por parte de José Antonio Lequerica en 1831 por un total de 3 247 reales, quedando listos para las funciones del Corpus y su Octava. Una serie de pagos datados en 1839 confirma el número de figuras re-

cogidas en 1802 por Philipp Joseph von Jariges: «(...) por vestir y adornar los gigantes, desnudar y gobernar la ropa a los dos individuos enanos y a los seis que hemos llevado los gigantes»[9].

Miguel de Unamuno (Bilbao, 1864 - Salamanca, 1936) escribe en varios artículos publicados en junio de 1887 en el diario republicano *El Norte* una descripción de las sagas de gigantes que conoció. Sobre esta generación a la que denomina "antigua", comenta que fue la de sus abuelos: «A los antiguos gigantes les conocí en el destierro, caídos de su antiguo esplendor, humildes y cabizbajos. Era en Guernica; allí les vi y me parecieron unos gigantes enanos e insignificantes, comparados con los modernos gigantes de Bilbao. (...) fueron tristes y resignados a terminar sus días en Guernica, donde reyes en el destierro, tornaron a regocijar al pueblo con sus mustias gracias. Eran desmayados sus andares, entre ridícula y trágica su expresión, flacos y menguados, pegadas a su armazón sus enjutas vestimentas. Fue desastroso su fin. Era en agosto de 1886, durante las fiestas con que mi querida villa de Guernica celebra a su santo patrono San Roque. Concluida la romería y llegada la noche, dejaron a los expatriados gigantes descansar bajo los soportales de la casa del Concejo. (...) Almas empedernidas, envinadas mejor dicho, llegaron por allí de bureo a las altas horas de la noche y el demonio, enemigo de todo lo que sirve de honesto recreo (...) les sugirió la horrible traza de dar fuego a los venerables desterrados. Las llamas envolvieron sus túnicas y chamuscaron sus cabezas, y allí y así fueron hallados a la mañana siguiente sus negros esqueletos calcinados, sin que durante la noche se les hubiera oído exhalar una queja».

Bien es cierto que el propio autor, años después, corrige esta versión, añadiendo que «Los que llamo antiguos gigantes no son tales y sí sólo unos monigotes elásticos que se hicieron hacia el año de 1850 y tantos para una cabalgata, y fueron perdida su elasticidad a acabar sus días en Guernica, con el final trágico que he narrado y que es rigurosamente histórico»[10].

• • • • • • • •

9. Archivo Municipal de Bilbao. Registro 1. Leg. 2. Número 2.
10. UNAMUNO, Miguel de: *De mi país*. 1903 (pág. 15).

¿Era don Terencio un adinerado irlandés?

Uno de los grandes interrogantes en la historia de los gigantes de Bilbao es conocer la identidad de los centenarios don Terencio y doña Tomasa. ¿Quiénes eran? ¿Existieron realmente? A día de hoy, al mencionar esta clásica pareja se hace hincapié en que él representa al Corregidor de Bizkaia (figura creada por la Corona de Castilla a finales del siglo XIV, similar al gobernador civil que se conoce actualmente) y ella a su esposa. Sin embargo, ¿se trata de una afirmación veraz? Es necesario realizar un pequeño repaso del momento de su primera mención y quién los cataloga de esta manera.

El historiador Teófilo Guiard, en un elaborado artículo publicado en El Liberal, detalla que la primera vez que aparece esta pareja es a finales del siglo XVIII. El propio Guiard indica que antiguamente a don Terencio y doña Tomasa no se les denominaba así, sino que eran designados como «el Minondo y la Minonda»[11]. Del mismo modo, Miguel de Unamuno identifica a don Terencio como un representante político de la Villa, llegando a repasar la lista de antiguos alcaldes bilbaínos sin hallar nombre parecido. En cambio, a lo largo de los años diversos autores han optado por catalogar a Terencio como un Corregidor de la época, algo que, una vez repasada la lista de todos ellos —desde el primero en 1394 (doctor Gonzalo Moro) hasta el último en 1844 (Antonio de la Escosura)—, no se encuentra Terencio alguno. El hecho de haberse centrado únicamente en alcaldes o corregidores ha impedido ver más allá e indagar en la extensa historia de Bilbao.

Como es bien sabido, a mediados del siglo XVIII los gigantes de la Villa eran cuatro, posiblemente personificando reyes: una pareja de moros y otra de europeos. Precisamente en esa época llega a Bilbao de la católica Irlanda un mercader de gran poder económico, huyendo de su país natal por las persecuciones religiosas de aquel momento. Se trata de Therencio MacMahon MacCurtain al que poco después se une su hermano Patricio. Ambos, nada más asentarse en Bilbao, lo primero que hacen es «justificar, previamente a su vecindad vizcaína, su nobleza según fuero ante las Juntas de Guernica»[12]. El poder económico que poseen les hace establecerse en Bilbao sin problema alguno. Su familia tiene un importante papel en la vida política y social irlandesa por lo que están habituados a codearse con la alta burguesía de la época. Therencio nace en el condado de Cork (Irlanda) en 1736, casándose en 1754 con María Antonia de Zarazola Arteche. Durante años desempeña el cargo de Corredor de navíos en el puerto de Bilbao (debía intermediar en las negociaciones, contratos y ajustes entre los agentes extranjeros y las casas de comercio locales facilitando en la mayor parte de los casos servicios de traducción) hasta su muerte el 13 de febrero de 1766.

En vista de todos estos datos apreciamos que coincide la fecha de defunción con las primeras referencias de nuestro personaje en el séquito de los gigantes. No olvidemos que eran cuatro, representando al continente europeo y al continente africano. ¿Qué mejor

---

11. *El Liberal*. 18 de agosto de 1934 (pág. 8).
12. *http://mikelatz.blogspot.com/2018/07/bilbao-1874-vida-de-un-gentleman-en-una.html*.

manera de representación para estos personajes que un auténtico europeo de la época ubicado en Bilbao? Del mismo modo lo hace su nombre, al que hay que añadir el detalle que, en años anteriores, irlandeses afincados en la Villa fueron los porteadores de los antiguos gigantones. Desde hace décadas a don Terencio se le cataloga como "Corregidor" y, recordemos que nuestro Therencio era Corredor de navíos. ¿Es posible que, con el paso de los años la denominación original de "Corredor" se haya desvirtuado pasando a "Corregidor"? Desgraciadamente no hemos encontrado ningún documento en el que se mencione expresamente el origen de don Terencio, con lo cual seguirá abierto a toda clase de teorías.

1852-1878

En 1852, ante el pésimo estado de conservación en el que se encuentran los seis bultos, se produce una restauración total de las figuras. El edil del Ayuntamiento, señor Colina, es el encargado de sustituir los viejos armazones de madera *«más pesados y que se rompen con facilidad»* por unos de varilla de hierro, confeccionando en un primer momento un nuevo armazón *«de prueba»* y presentándolo ante el pleno del Ayuntamiento, quien da el visto bueno y solicita la construcción de los cinco armazones restantes ascendiendo el coste a un total de 700 reales[13]. El propio Colina es también el encargado de la recomposición de las cabezas de los gigantes, además de la sustitución de las ya ajadas vestimentas: *«Para la procesión del Corpus han salido los gigantes como nuevos, muy bien compuestos, y don Terencio tenía detrás del sombrero, en letras doradas, una D. y una T.»*[14]. Teófilo Guiard también da cuenta de esta situación, aunque errando en el número inicial de gigantes *«fueron vestidos los cuatro gigantones nuevos como lo estuvieran antes los viejos, y añadidos dos figurones más, con que los seis de ahora se quiso que representasen, por parejas, a Europa, Asia y África. La chiquillería contemporánea los rotuló "don Terencio" y "doña*

Gran cabalgata en Bilbao con motivo de las corridas de toros. *Revista L'Illustration 5-10-1861 (pág. 213).*

Tomasa", "el moro" y "la mora", "el turco" y "la turca", bien referida la titulación en los cuatro últimos y conservando la denominación tradicional de los primeros»[15].

Continúa siendo habitual la presencia de estas figuras en las procesiones del Corpus o en las fiestas de agosto, como en las de 1854, años en los que el buen humor y las ideas creativas están a la orden del día: *«Para la tarde está anunciado el paseo de los gigantes por la ría, y a las tres no cogía la gente en el Arenal, Sendeja, Puen-*

13. Archivo Municipal de Bilbao. ES 48020 AMB-BUA 662946.
14. DE GORTAZAR, Juan Carlos: *Bilbao a mediados del siglo XIX según un epistolario* (pág. 254).
15. *El Liberal*. 21 de agosto de 1927 (pág. 8).

te y Ripa, siendo muchísimos los botes y gabarras que paseaban la ría, la cual aquella tarde presentaba un aspecto lindísimo. Mientras se colocaban los gigantes sobre sus bases —que consistían en unas barricas vacías de cuyo fondo colgaban unos grandes quintaleros de hierro, se puso el premio de la percha flotante—, al que no pudo alcanzar ninguno de los muchos aspirantes que hubo. Ya podéis figuraros lo difícil que sería cogerlo, al saber que el que lo ganara tenía que pasar la percha en pie, y como era larguísima, untada de sebo y nada le sujetaba, al menor movimiento daba vuelta, por lo que hubo que repartir el premio entre los que más se acercaron. Mientras tanto salieron los gigantes del muelle, en medio de chupinazos, doce docenas de cohetes y tamborileros y dulzaineros. Mucho se rió la gente con ellos, pues como era mucho el volumen que formaban las barricas debajo del agua, costaba muchísimo hacerles andar, resultando que cuando daban los remos la bogada, y estaban todos atados unos a otros bastante arriba, se inclinaba muchísimo hacia adelante y parecía que se caían, volviendo luego que se aflojaba la cuerda a enderezarse. Mucho se rió la gente con esta tontería que al fin cansó, pues, aunque con trabajo, se les pudo llevar, a favor de marea, hasta San Agustín, más a la vuelta no fue posible hacerlo y hubo que recogerlos a bordo de un gabarrón para trasladarlos a la Villa»[16].

La presencia de los gigantes y cabezudos es ya una constante en las fiestas de agosto o en celebraciones concretas como el fin de la epidemia de cólera, el recibimiento del Batallón de Saboya o la promulgación de la Constitución. Ante tal ajetreo de sali-

Dibujos con la firma de *Chimborazo* del antiguo don Terencio y la pareja de cabezudos de la época.

das, en 1860 el Ayuntamiento acuerda la reparación de las figuras a Julián Arzadun, por lo que se abonan 3 105 reales[17]. La encargada del mantenimiento de las indumentarias de las figuras no debía de ser del agrado del Consistorio ya que, en 1863 es despedida y sustituida por Antonia San Millán, la cual realiza, entre otras, dicha tarea por 1 000 reales anuales[18].

Miguel de Unamuno detalla la generación a la que cataloga como "media" y a la cual él conoció de niño: «Llegaban lo menos hasta el segundo piso, iban serios y graves; ni se dignaban mirar a los chiquillos que les precedíamos. ¡Don Terencio y Doña Tomasa! ¡Qué arrogante mozo era Don Terencio, con su sombrero estudiantil, su capa terciada y su reposado continente! (...) Eran seis los gigantes de la Edad Media y sus enanos, dos. Representaban aquellos por parejas Europa, Asia y África, pues eran, además del grave Don Terencio, vestido de estudiante, símbolo de la Europa, estudiante eterna y de la garbosa y buena moza de Doña Tomasa, sal de

· · · · · · · ·

16. DE GORTAZAR, Juan Carlos: *Bilbao a mediados del siglo XIX según un epistolario* (pág. 288).
17. Archivo Municipal de Bilbao. ES 48020 AMB-BUA 635866 .
18. Archivo Municipal de Bilbao. ES 48020 AMB-BUA 640342.

la tierra, con su mantilla y su gigantesco gracejo, dos árabes y dos reyes moros. Pero el regocijo de los niños chiquitos y de los grandes eran los dos enanos que no por serlo dejaban de aventajar en estatura a cualquier mortal. ¡Qué cabezas tan descomunales sus cabezas! Eran dos manolos, con redecilla, chupa de trencillas bordada y calzón corto él, con vestidito breve ella»[19].

Continúan presentes en la Villa al menos hasta 1878, momento en el que, una vez más, los nulos cuidados provocan su patético fin. Miguel de Unamuno, un enamorado en su niñez de estas figuras desconoce su final: *«(…) yendo a morir oscuramente no se sabe cómo. Fue su fin misterioso, como fin de héroes de la Edad Media»*[20].

· · · · · · · · ·

19. UNAMUNO, Miguel de: *De mi país*. 1903 (pág. 11).
20. UNAMUNO, Miguel de: *De mi país*. 1903 (pág. 12).

1878-1886

A nte la ya mencionada falta de cuidados, el Ayuntamiento plantea en un primer momento «*el completo arreglo de armazones, caras, manos, vestuarios, etc. a fin de exponerlos al público con la decencia y lucimiento que lo hacen otros muchos pueblos de la nación, sobre todo en el país vascongado (...) Admite reformar las 6 cabezas de los Gigantes, hallándose todo el resto de trajes y armazones en tan mal estado que nada se puede utilizar*». La Comisión de Festejos, no contenta con la decisión y «*para no ir a la zaga de Zaragoza, Santander y Barcelona donde los gigantes salen con gran lujo*», propone ampliar el séquito a «*cinco parejas formando las cinco partes del globo con su pareja correspondiente de enanos, formando un total de 10 gigantes y 10 enanos, cuyo personal sería instruido para formar una comparsa que serviría de entretenimiento y presentaría un pintoresco golpe de vista*». En esa misma reunión del 28 de febrero, el Ayuntamiento rechaza la propuesta, aprobándose la adquisición de tres parejas de gigantes y otras tres de enanos para la celebración de las fiestas de la Villa. La Comisión de Festejos insiste, al mes siguiente, en la necesidad de al menos ampliar en una pareja de gigantes y otra de enanos que representen a América, justificándolo, entre otras razones, «*para demostrar gratitud a los "indianos" que viven en la Villa y desempeñan cargos públicos y contribuyen a las cargas municipales*».

Después de un largo debate, se aprueba con el voto en contra de cuatro concejales, la construcción de ocho gigantes y de otros tantos cabezudos, aumentando el presupuesto fijado al objeto de adquirir las vestimentas para que luzcan con el gusto y elegancia que se requiere.

Emiliano de Arriaga (Bilbao, 1844 - Zuhatzu, 1919) añade «*(...) Un Ayuntamiento, fiel guardador de nuestras buenas tradiciones, encargó a Barcelona otras dos parejas más, pues dada la versión de que las que teníamos representaban a Europa, Asia y África, faltaba el complemento... Y vinieron América y Oceanía con sus correspondientes cabezudos... Resultaron, sin embargo, demasiado finos y perfilados... quizá demasiado catalanes (...)*».

La prensa de la época se hace eco de este hecho: «*(...) tendremos gigantes y enanos nuevos, vestidos a la "dernier" por una série de hábiles modistas bilbainas que están apresuradamente trabajando en una de las salas de la antigua Casa de Misericordia, en la confección y conclusión de los elegantes vestidos que estrenarán Dª Tomasa, D. Terencio y sus compañeros mártires (...)*»[21]. Con un coste total de 40 000 reales[22], esta nueva generación de gigantes hace su estreno el 2 de mayo de 1878 dentro de los festejos celebrados con motivo del 4º aniversario del día de La Liberación: «*A las 10 las repetidas descargas de cohetes y salva de morteros darán aviso de la salida por primera vez de los gigantes y enanos cabezudos que, vestidos con gusto y elegancia, recorrerán las calles de la población, deteniéndose en diversos puntos para ejecutar algunas evoluciones al compás del histórico tamboril*»[23].

El gran desembolso realizado por el Consistorio, especialmente por

21. *El Noticiero bilbaino*. 16 de abril de 1878 (pág. 2).
22. *El Noticiero bilbaino*. 20 de abril de 1878 (pág. 2).
23. *El Noticiero bilbaino*. 27 de abril de 1878 (pág. 2).

sus ropajes de seda y terciopelo, incrementa el cuidado de las figuras. En la procesión del Corpus de ese año, por ejemplo, ante el riesgo de lluvia permanecen almacenados y, con el fin de evitar su deterioro *«parece que a cada uno de ellos les van a hacer una, a manera de camisa o camisón largo de dormir»*[24].

Miguel de Unamuno cataloga a esta generación como "moderna": *«Y vinieron los gigantes modernos, más elegantes y pulidos, más de relumbrón y aparato (...) Eran ocho: a Europa, Asia y África habían añadido América, y los enanos (cabezudos, según el Excelentísimo Ayuntamiento) eran también ocho (...) Todos recordamos aquella india americana de bronceada tez y hermosos ojazos, que fue admiración de propios y extraños, y que hacía decir a muchos por lo bajo: "Si pestañeara, y fuese yo gigante, ¡o mucho más pequeñita ella!". A mí no me gustaba por su tamaño; aborrezco el bulto. La india, siguiendo a su indio, miraba, con desdén, circular a sus pies el hormigueo de los vivientes (...)»*[25].

En 1885 se vuelven a mencionar en la programación de los festejos celebrados en la Villa el 2 de mayo con motivo de La Liberación de 1874: *«A las nueve y media nuevos disparos de cohetes precederán a la salida de los históricos gigantes y cabezudos, que, acompañados del tradicional tamboril, pasearán por las calles de la población»*. A finales de ese mismo año la Comisión Municipal de Espectáculos compuesta por Filomeno Soltura, Juan de Azaola y Justo Violete informan a la Corporación Municipal del mal estado en el que se encuentran las figuras *«a consecuencia de los desprendimientos gaseosos del cloruro cálcico depositado con destino a las medidas sanitarias, que son desconocidos*

Los gigantes en gabarra rumbo a Portugalete. *Cuadro de Manuel Losada. "El Último viaje de los gigantes". Losada por Manuel Llano Gorostiza (pág. 151).*

los tipos de las razas y clases que representan. No se oculta a la Comisión la gravedad que encierra ante la opinión pública infantil ese estado verdi-blanco-jabonoso que tienen los representantes tradicionales de las costumbres y diversiones del pueblo»[26]. No habiendo fondos para la reparación presupuestada en 4 000 o 5 000 pesetas, el 17 de diciembre de ese mismo año se aprueba su venta, por la que se interesan los Ayuntamientos de Portugalete, Barakaldo y Bermeo. La venta se hace efectiva en enero de 1886 cuando *«los restos de los tradicionales gigantes y cabezudos que por espacio de muchos años han hecho las delicias de los niños y de muchos que no lo son, acordó ayer el municipio que se regalen a las Juntas del Hospital y Casa de Misericordia con objeto de que puedan enagenarlos y utilizar el producto de su venta»*[27]. La Santa Casa de la Misericordia, con graves problemas económicos, aprovecha la cesión de las figuras para su posterior venta en marzo del mencionado año, lo que ayuda a la tesorería: *«Al ayuntamiento de la villa de Portugalete le han sido vendidos en*

· · · · · · · ·

24. *El Noticiero bilbaino*. 4 de mayo de 1878 (pág. 2).
25. UNAMUNO, Miguel de: *De mi país*. 1903 (pág. 13).
26. *Revista de la Excma. Diputación provincial de Vizcaya,* nº 21 segundo semestre. 1963.
27. *El Noticiero bilbaino*. 15 de enero de 1886 (pág. 1).

4 000 reales los restos de los gigantes y cabezudos que el municipio de Bilbao cedió a los asilos de beneficencia»[28].

Emiliano de Arriaga dice que «*una dama muy bilbaina y muy rica y muy bondadosa —Doña Casilda Iturrizar— en uno de esos rasgos con que tantas pruebas viene dando del interés que le inspira este pueblo, les tendió una mano protectora para que fuesen trasladados a Portugalete donde ella tiene su residencia de verano y donde estaban llamados a desaparecer (...)»*[29]. Miguel de Unamuno, refiriéndose a la subasta pública, indica: «*Nadie quiso dar un ochavo por ellos, y fueron en gabarras, con su cloruritis, a tomar aires del mar a Portugalete (...) hemos quedado faltos de gigantes»*. Lo cierto es que, gracias a la reciente investigación realizada por el portugalujo José Luis Garaizabal Flaño, en el Libro de actas del archivo histórico municipal de Portugalete se conoce que estos gigantes eran mantenidos por el Ayuntamiento de Portugalete al menos en el año 1887: «*Gasto de 68,25 ptas. el 23-7-1887, producido en la reposición de los gigantes a cargo de Juan Bautista Benguria»*[30]. Desgraciadamente no se han podido hallar más cuentas que puedan aportar algún dato más sobre el fin de esta generación.

Destaca el curioso hecho del proyecto para las fiestas de Bilbao del año 1893, donde en el boceto inicial se recoge «*Para solaz de la gente menuda, saldrán a las doce de la mañana de la Casa Consistorial jigantones y cabezudos representando las distintas razas humanas, acompañados de música, a cuyo compás bailarán bonitos rigodones. (Adquiridos y costeados por la prensa local)»*[31]. Sin embargo, no fue así, pues la ausencia de gigantes y cabezudos en Bilbao fue duradera.

· · · · · · · ·

28. *El Noticiero bilbaino*. 1 de marzo de 1886 (pág. 1).
29. DE ARRIAGA, Emiliano: *Vuelos cortos de un Chimbo*. 1894 (pág. 33).
30. Archivo Histórico Municipal de Portugalete. AHMP C77-4.
31. *El Nervión*. 16 de septiembre de 1892 (pág. 5).

Y llegan los carnavales de 1895

Los carnavales de finales del siglo XIX no pasan por su mejor momento, reduciendo su programación a bailes en La Casilla, El Arenal o en el Teatro Campos Elíseos. Sin embargo, en este año se produce un acontecimiento que tiene una gran importancia en lo relativo a los gigantes y cabezudos en Bilbao: los miembros del *Kurding Club* (es el nombre de batalla de un círculo de gentío joven y bromista perteneciente a la más distinguida sociedad de Bilbao llamada *El Escritorio*) sacan a pasear la antigua cabeza de don Terencio, junto a los dos cabezudos que le acompañaban décadas atrás. «*A las doce y media los socios del Club establecido en el entresuelo de la casa que ocupa la sociedad Euskalerria dieron una nota tradicional desempolvando al famoso gigante D. Terencio, que lo conserva cuidadosamente, y a los dos cabezudos. A los lados del gigante se colocaron dos individuos vistiendo las batas rojas —que son el uniforme del club—, y precedidos de los tamborileros de la Villa, recorrieron la Ribera y algunas calles de la población, deteniéndose después frente a la Casa Consistorial, donde los tamborileros ejecutaron algunos aires del país*»[32]. Emiliano de Arriaga también destaca este curioso hecho: «*Y cuál no habrá sido el mágico efecto producido por la reaparición del famoso don Terencio en el tercer día de las pasadas Carnestolendas! Una embajada del Kurding —que le había dado generoso albergue— le acompañó a hacer su visita de cumplido al Ayuntamiento... Que no la merecía por el injustificado olvido en que lo tiene... Y precedido de la banda de tamborileros, de la pareja de enanos armados de infladas vejigas y con brillante séquito de admiradores, presentóse a las doce en punto frente a las estatuas de la Ley y de la Justicia... Como demandándola para sí y para los suyos. ¡Pobre don Terencio! tuerto, maltrecho, viudo de su amada doña Tomasa y privado de sus compañeros de glorias y fatigas! (...)*»[33].

Antigua cabeza de don Terencio y la pareja de cabezudos de 1852 reposando en el *Kurding Club. Ignacio de Zubialde. Revista El Centenario (27-07-1900), nº 2 (pág. 24).*

La cabeza de don Terencio presidía el local del Kurding, «*expuesta a modo de exvoto magno en un saloncillo japonés que tenía por techo una enorme sombrilla y, como complemento, caretas, esteras, faroles y pajarillos pintados, amén de otros juguetes y chucherías, y dispuesto, todo ello, con un gusto extraordinario*»[34]. José de Orueta recoge: «*Estaba allí también la cabeza de "don Terencio", el primer don Terencio, padre del actual, y del grupo de gigantes que unos cuantos concejales, que estimaron que pueblo "culto" equivale a pueblo triste y aburrido, y, sin más consideraciones, los suprimieron y malvendieron*»[35].

· · · · · · · ·

32. *El Noticiero bilbaino*. 27 de febrero de 1895 (pág. 1).
33. DE ARRIAGA, Emiliano: *Vuelos cortos de un Chimbo* (pág. 35).
34. *El Bilbao del Maestro Valle*. (págs. 205-206).
35. DE ORUETA, José: *Memorias de un bilbaino* (pág. 164).

1896-1919

La presencia durante los últimos carnavales de la cabeza de don Terencio paseada por los miembros del *Kurding Club* deja huella entre los bilbainos. Si a ello se le suma la petición desesperada por parte de periodistas o escritores de la época como Emiliano de Arriaga por recuperar esta vieja tradición, es suficiente aliciente para que el Ayuntamiento reaccione y acuerde la construcción de nuevas figuras.

El concejal del Ayuntamiento José María Pinillos, realiza en 1895 la propuesta para la formación de una nueva saga de gigantes y cabezudos, aceptándose el 8 de junio de ese mismo año a pesar de la firme oposición del concejal socialista Manuel Orte[36]. La aprobación viene seguida de unas palabras pronunciadas por el propio Pinillos: «*Viene a ser el reflejo de una aspiración, de un deseo del vecindario cuya inmensa mayoría conoció los populares Gigantes y Enanos, pues su supresión data de época todavía reciente, y que vería con gusto la reaparición de aquellos personajes que le proporcionaban ratos de agradable entretenimiento y a cuya historia van unidos tantos recuerdos del Bilbao de otros tiempos*»[37]. Una vez aceptada la propuesta, Pinillos solicita presupuesto para las figuras a varios constructores de gigantes o de figuras festivas[38]: se contacta con el *"señor Winch"* de Leipzig (Alemania) quien se ofrece a construir

Gigantes en la década de 1900. *Archivo Foral de Bizkaia - Bizkaiko Foru Agiritegia. AL0017_0689.*

las cabezas y manos por un total de 800 marcos, pero su solicitud de modelos dibujados en tamaño natural de las figuras a crear, unido al coste de transporte y aranceles, supone un gasto excesivo. La casa *Russelfais* de París (Francia) pedía 125 francos por cada figura, con lo que sumando a ello embalajes, transporte y derechos, hacía un total de aproximadamente 2 700 pesetas. Estos dos presupuestos se descartan rápidamente ya que, por cuestiones de aduanas, únicamente era posible la construcción de cabezas y manos en vez de figuras completas. Se pide presupuesto a Benito

36. *El Noticiero bilbaino*. 14 de marzo de 1895 (pág. 1).
37. *Revista de la Excma. Diputación provincial de Vizcaya,* nº 21 segundo semestre. 1963.
38. Archivo Foral de Bizkaia. BILBAO TERCERA 0164/105.

Gigantes y cabezudos frente al ayuntamiento en 1896. *Autor: Lux. Archivo Foral de Bizkaia - Bizkaiko Foru Agiritegia. AL0017_0688.*

Escaler (casa El Ingenio de Barcelona), el cual se compromete a fabricar las figuras completas por 6 800 pesetas, a lo que, agregando embalajes y gastos de transporte la cuantía ascendía a un total de 7 200 pesetas. Para evitar viajes y transportes varios, finalmente se decantan por los artistas bilbainos Vicente de Larrea y Serafín de Basterra, autores, entre otros, de las esculturas que se presentan tanto en la fachada como en las inmediaciones del ayuntamiento de Bilbao (Heraldos y Maceros, La Ley y La Justicia y los bustos de Francisco Antonio Gardoki, Diego López de Haro y Juan Martínez de Recalde).

Los mencionados constructores se encargan, en su estudio de Escultura y Talla situado en Ribera número 5, de las manos y cabezas de las figuras, con un coste de 1 600 pesetas. Además, el taller de Herrería y Cerrajería de Manuel de Eguren (calle Askao número 18)

se encarga de los armazones de hierro (320 pesetas), y comercios tales como Sombrerería Gorostiaga, Camisería Inglesa, Los Encajeros, La Euskalduna, Irizar Hermanos o El Caballo Blanco son los encargados de la confección de los ropajes y sombreros. El coste final de los gigantes y cabezudos asciende a 8 723,11 pesetas. *El Noticiero bilbaino* así lo recoge:

«Entre bromas y risitas se aprobó por el ayuntamiento la moción de Pinillos, y este pidió precios a Barcelona y se decidió, por último, como buen protector de la industria nacional, a fabricarlos en Bilbao.

Basterra y Larrea se encargaron de construir las cabezas y las manos, que son verdaderamente artísticas; un conocido industrial, de la confección de los férreos cuerpos de los gigantes; los más acreditados almacenes de novedades, de vestirlos con ricas telas de tisú y de seda y galones de oro y plata; y afamadas modistas de confeccionar los trajes con arreglo a los últimos figurines... proyectados. (...)

El otro día me presentó Pinillos a Don Terencio —el guardia civil como le llamaban las niñeras que no entendían de indumentarias—, y a doña Tomasa.

Sus caras estaban blancas como el yeso.

—Es la emoción —decía Pepe—. Ya verás cómo les vuelven los colores cuando vayan luciendo sus gracias por las calles de la villa al son del chistu y del tamboril.

—¿Y eso será...?

—El dos de Mayo.

Mientras, las modistas daban la última mano al traje de don Terencio que es riquísimo, y ocultaban los huesos o hierros de doña Tomasa (...)»[39].

Efectivamente, el día 2 de mayo y dentro de la programación de festejos que anualmente se organizaba en la Villa con motivo de La Liberación de 1874, pasean por primera vez los ocho gigantes y otros tantos cabezudos, hecho destacado en la prensa de la época: *«Esta mañana a las once, el antiguo don Terencio, precedido de tamborileros, fue desde el Curding hasta la calle de la Cruz, en cuyo lugar aguardaban los nuevos gigantones. La comitiva se puso en marcha por este orden: el viejo don Terencio, el nuevo don Terencio, doña Tomasa, el Arratiano, la Arratiana, el Turco y la Turca, el Moro y la Mora, acompañados de unos doce enanos, dirigiéndose por las calles de la Cruz, Sombrerería, Correo y Arenal, al Ayuntamiento.*

Litografía de José Arrue, 1900.

(...) Delante del ayuntamiento lucieron sus habilidades coreográficas, obteniendo ovaciones monumentales, regresando después a su domicilio en medio del mayor entusiasmo»[40].

Tener no sólo documentación escrita sino también gráfica permite apreciar los detalles de las figuras. Vuelven a aparecer los clásicos don Terencio, doña Tomasa, la pareja de turcos y la pareja de moros. Los gigantes del continente americano de la anterior generación desaparecen y son sustituidos por la pareja de aldeanos del Valle de Arratia, motivado por los movimientos nacionalistas de la época. Los gigantes, además, reciben apodos tales como *Paiku* (el aldeano), *Andra Joxepa* (la aldeana), *Rajá* o *Pachá* (el turco) o *Sherezada* (la turca)[41]. Los cabezudos igualan en número a los gigantes y mantienen la esencia de escenificar las partes del mundo: Europa en una pareja de velocipedistas, América en una pareja de indios pieles rojas y Asia en una pareja de chinos. Se añade, al igual que

· · · · · · · ·

39. *El Noticiero bilbaino*. 21 de febrero de 1896 (pág. 2).
40. *El Nervión*. 2 de mayo de 1896 (pág. 6).
41. *La Tarde*. 19 de agosto de 1914 (pág. 1).

Gigantes, cabezudos y Gargantúa frente al Teatro Arriaga en 1912. *Autor: Amado. Revista Novedades (9-06-1912).*

con los gigantes, una pareja de Arratianos. Las figuras se almacenan en el depósito de Mena desde donde iniciaban su recorrido, descendiendo la calle Zabala y cruzando el puente Cantalojas para hacer las delicias en las Siete Calles.

Los encargados de portar los gigantes y cabezudos continúan siendo los barrenderos. En un principio éstos recibían como gratificación la mitad del jornal, aunque más tarde se aumenta al jornal completo, a lo que se suman refrescos o puros como retribuciones extras. Por su parte, Justa Aguirre es la encargada del cuidado de todas las figuras. Entre sus tareas está la de velar por la limpieza del vestuario, así como de vestirlas, por lo que por todo ello recibe una gratificación de 200 pesetas. A pesar de esto último, las figuras requieren de reparaciones cada cierto tiempo. En 1903, por ejemplo, Serafín de Basterra es el encargado de reparar cuatro cabezas de los gigantes por un total de 50 pesetas[42].

Con el paso de los años, sin embargo, vuelve a aparecer el viejo fantasma de los nulos cuidados dispensados a las figuras: «*Señor Inspector provincial de Sanidad: Supongo que habrá visto usted los Gigantes y el Gargantúa y habrá dicho para sus adentros que el sacar eso á la vía pública para festejar la libertad, es un verdadero libertinaje. El sacar eso tal como está a la calle es un baldón de ignominia, una vergüenza popular, un ataque al ornato público y es, en fin, proclamar la marranería libre con todas sus consecuencias. Ya sé que en las cosas del ornato y del buen gusto ni quita ni pone, pero me dirijo a usted para que como Inspector meritísimo de Sanidad adopte una medida enérgica con el amo de los Gigantes y del*

· · · · · · · · ·

42. Archivo Foral de Bizkaia. BILBAO QUINTA 0343/006 (1903).

Gargantúa, por la limpieza, por la higiene, por la salubridad pública. Que les laven la ropa ó que les echen al fuego, al mar no porque se envenenaría la pesca. Los vestidos de los Gigantes debe ser un foco de infección y de bacillus endémicos. La camisa del Gargantúa es un pingo repugnante, yo en cuanto tengo la desgracia de verle siento un picor horrible en todo el cuerpo y me tengo que estar rascando todo el día. El domingo pasado pedí que una persona caritativa pagase una mano de pintura para los bultos de semana santa. Hoy pido también por caridad unas cuantas toneladas de jabón para la indumentaria de esos mamotretos, encanto de los chicos y de muchos grandes en los días de gran solemnidad»[43]. Ante esta situación se produce, en 1912, una importante reparación de las figuras, además de su indumentaria. Los nuevos sombreros de don Terencio o del aldeano, por ejemplo, son obra de Sombrerería de Eladio Gorostiaga por 75 pesetas de la época[44].

Lo cierto es que los gigantes y cabezudos entran en una fase de declive en la década de 1910. Se comienza a generalizar la idea de que estas figuras son algo pueblerino, indigno de una urbe como Bilbao: *«Hemos oído a alguien echar pestes de Gargantúa y de los enanos y gigantones. Nos ha parecido una enormidad. Precisamente es el único número francamente popular, delicia de los niños de esa alocada alegría con que ven desfilar a los enanos y comer a Gargantúa. ¡Bueno fuera que, ya que no se da lo que debiera darse al pueblo, se privara a los niños de lo poco, de lo poquísimo que se les reserva en estas fiestas!»*

A este detalle se le une la cuantía económica. Cabe recordar que por cada gigante son necesarias tres personas, además de los ocho cabezudos, lo que hace un total de treinta y dos personas. El concejal socialista Felipe Merodio, el cual detesta las figuras, solicita anualmente suprimir los gastos destinados al cuidado de los gigantes y cabezudos debido a su elevado coste, planteando incluso venderlos o *«que se echaran a la ría»*[45].

Gigantes y Gargantúa en el lateral del ayuntamiento durante las fiestas de 1910. *Auñamendi - Eusko Entziklopedia.*

A pesar de todo las figuras continúan en activo. El 11 de octubre de 1916, la pareja de cabezudos el aldeano y la aldeana se desplaza hasta Zaragoza con motivo de la boda de los cabezudos el Forano y la Forana. Al año siguiente continúan paseando por la Villa: *«Salen en Bilbao a la calle, por fiestas, ocho entrañables y antiguos gigantones con otros tantos cabezudos. Un archigigante y archicabezudo, que llama el pueblo Gargantúa, les preside jocundamente. Los gigantes van de uno en uno, a paso pomposo y a compás de un aire burlón, que tocan en tambores y silbos tamborileros de casacas coloradas. El primero de los gigantes va don Terencio, el estudiantón, con el manteo grana deslucido, bicornio y cuchara de palo, peluquín de estopas acaracoladas y dieciochescas, un bastón en la mano y unas bocamangas de encaje roto. El suelo vascongado le reconoce. Es un colegialete de Vergara, un caballerito de Azcoitia y de cuidado, un pedantuelo que se cartea con Peñaflorida, un liberalito del demonio... Tras él viene la plantada doña Tomasa muy de mantilla, peine de concha, pericón y otras galas de anticuado trapío. Hace con don Terencio, la pareja urbana de nuestra gigantomaquia. Le sigue un matrimonio rural, el paiku y su mujer, aldeanos*

· · · · · · · · ·

43. *El Nervión. Edición especial ilustrada.* 7 de mayo de 1911 (pág. 1).
44. Archivo Foral de Bizkaia. BILBAO PRIMERA 0537/007 (1912).
45. *El Nervión.* 22 de noviembre de 1903 (pág. 2).

de la merindad de Uribe. Él con su capusay, sombrero de pico y pipa de barro; ella, con unas trenzas plateadas, que le salen bajo la sabanilla de lino. Cierran el cortejo dos parejas exóticas: un moro con su carcaj, una mora con plumajes prodigiosos, un otomano con su cimitarra, una cherezade con su mandolín (...)»[46].

En 1919 las figuras constan tanto en la festividad de San Ignacio de Loyola, el 31 de julio, como en las fiestas de agosto y, en septiembre, se ceden a Plentzia los gigantes, cabezudos y Gargantúa para las fiestas de la localidad costera. A partir de ese año desaparecen de los diversos festejos. En 1920 se plantea destinar una cantidad de dinero para el arreglo de las figuras[47]. Sin embargo, los socialistas, que tantas veces habían pedido la supresión de las figuras, se hacen con la alcaldía, con lo que los gigantes y cabezudos son almacenados. En 1922 aún se guardan en el depósito de Mena, tal y como se recoge en el inventario del Ayuntamiento. Precisamente en dicho depósito sufren un deterioro total: «*Alguien tuvo la mala ocurrencia de instalarlos en Mena con tan poco cuidado que sirvieron de base a pesados materiales que allí fueron almacenados, con lo cual sus enormes cabezotas se rompieron en cien pedazos, y ya no hay forma de restaurarlos*»[48]. Ese mismo año son trasladados a unos almacenes municipales ubicados en la ya desaparecida isla de San Cristóbal, frente al barrio de La Peña, donde reposan también los restos del Gargantúa.

A pesar de todo los bilbainos de a pie no olvidan las figuras y plantean en numerosas ocasiones la restauración de las mismas: «*Un estimado convecino y querido amigo nos sugiere una idea que hallamos muy simpática y muy digna de atención. Allá va:*

"Ahora que se acercan las fiestas tradicionales de agosto —nos dice— ¿por qué no resucitar lo más tradicional, lo más clásico de ellas, que son los gigantes y cabezudos y nuestro inolvidable 'Gar-

gantúa'? Protesto enérgicamente por anticipado contra los que tachan de pueblerinería esta petición. Lo clásico no es pueblerino nunca. Es... eso: clásico. Por esa 'regla de tres' de suprimir las cosas viejas, y siempre amadas, podríamos suprimir los pasacalles típicos de agosto, con las mulillas, pongo por ejemplo. Aún recuerdo aquellos tiempos: ¡qué gozo el nuestro, al desfile de los figurones! ¡Qué de pensar todo el año en el vientre 'sin fin' de 'Gargantúa'! Nuestros hijos gozarían como gozamos nosotros..."

Tiene razón nuestro amigo. ¡A ver! ¡Un alma caritativa que saque de su encierro a 'Gargantúa'! ¡A ver! ¡Un concejal de los que se llaman "bilbainos viejos" que los hay, que pida la restauración de los gigantes!»[49].

En otros sectores de la población, sin embargo, los gigantes y cabezudos provocan un rechazo que queda patente en algunos artículos de opinión: «*El alcalde de San Julián de Musques, don José Leturio, estuvo ayer en la Casa de la Villa, con el objeto de solicitar la cesión de los gigantes y cabezudos para las famosas fiestas que por San Juan se celebran en aquel pintoresco Concejo de Triano. No se le pudo complacer. ¿Cómo íbase a complacerle, si hace tiempo que, en un alarde superador, en un arranque de pueblo grande, desterramos de nuestras costumbres esas antiguallas, condenándolas a la inclemencia de los tiempos en San Cristóbal? Ahora, muy recientemente, algunos elementos trataron de resucitarlas. ¡Chocholadas! ¿Gigantes y cabezudos en Bilbao, en todo un Bilbao? ¡Bonito "pendant" iban a hacer con nuestros grandes monumentos modernos: la farola de la Plaza Circular y el "cementerio" del Campo de Volantín, por ejemplo!*»[50].

El historiador Teófilo Guiard también da cuenta de ello en un artículo de 1927: «*perduran arrinconados en los almacenes municipales, ocho reproducciones de sus inmediatos anteriores, con igual representación de continentes y semejante atavío de prendas, servidos*

. . . .

46. *ABC*. 6 de diciembre de 1917 (pág. 1).
47. *La Tarde*. 29 de diciembre de 1920 (pág. 5).
48. *El Noticiero bilbaino*. 10 de junio de 1927 (pág. 1).
49. *El Noticiero bilbaino*. 25 de junio de 1926.
50. *El Noticiero bilbaino*. 9 de junio de 1927 (pág. 1).

por ocho enanos, y un tiempo acompañados por el hoy deshecho Gargantúa, el burlesco aldeano (...)»[51].

En un intento por recuperar de nuevo las figuras hay un amago de recolecta popular que se verá en generaciones de gigantes posteriores. En esta ocasión no prosperó: «*Andaban tan raídos y desastrados hace doce o quince años —no recordamos bien la fecha— (...) Y ha sucedido lo que todos anhelábamos. Un grupo de buenos bilbaínos está dispuesto a "dar aire" a una suscripción eminentemente popular para lograr fondos que permitan restaurar la indumentaria de nuestros gigantes y cabezudos, remozar sus rostros injuriados por el tiempo, y ponerles tan flamantes como*

en sus días mejores. La cuota máxima de la suscripción es de una peseta —salvo los donativos especiales— y la mínima de diez céntimos (...)»[52].

Su último aporte se produce en 1929: «*(...) sacar modelos de los viejos gigantes y cabezudos que se hallan arrinconados en una dependencia municipal, con objeto de construir otros para el Ayuntamiento de Vitoria*»[53]. Esos gigantes del Ayuntamiento de Vitoria son la pareja de Regüeveros, construidos por Higinio de Basterra, hijo de Serafín de Basterra, presentados en las fiestas de La Blanca de ese mismo año.

· · · · · · · · ·

51. *El Liberal*. 21 de agosto de 1927 (pág. 8).
52. *El Pueblo Vasco*. 4 de junio de 1927 (pág. 1).
53. *El Pueblo Vasco*. 30 de junio de 1929 (pág. 1).

Autores

Serafín de Basterra Eguiluz

Nacido el 12 de octubre de 1850 en Bilbao fue un destacado escultor no solo a nivel local sino internacional, ya que es autor, entre otras obras, de la imagen del Sagrado Corazón de Jesús erigida en Wuhu (China). Destacan especialmente las estatuas de mármol de Carrara (Italia) del ayuntamiento bilbaino, representantes de la Justicia y la Ley, y los Maceros de las esquinas del edificio. Asimismo, es autor de la torre principal de la Catedral de Santiago ubicada en el Casco Viejo de la capital vizcaina. Su hijo, Higinio, sigue los pasos de su padre. Fallece en Bilbao el 17 de febrero de 1927.

Vicente de Larrea Aldama

Nace en Bilbao en el año 1852 y es el primer escultor de la familia. Abre su taller en la calle Ribera a principios del último cuarto del siglo XIX tras varios años de estudios y ejercicio en París. Es, además, profesor de modelado y dibujo de adorno en la Escuela de Artes y Oficios de Atxuri. Destacan las estatuas ya mencionadas del consistorio bilbaino o la escultura del monumento al fabulista Samaniego en Laguardia. Fallece en Bilbao en el año 1922.

Basterra (izquierda) y el periodista Ángel Eguileta junto al Gargantúa vitoriano en 1922.
Archivo Foral de Bizkaia - Bizkaiko Foru Agiritegia. AL0017_0696.

Réplicas

Los gigantes bilbainos no fueron los únicos construidos por Basterra y Larrea. Otras localidades también requieren de sus servicios en vista del gran éxito suscitado por las nuevas figuras. Lo cierto es que los constructores utilizan los mismos modelos, lo que en ocasiones ha llevado a confundirlos con los propios gigantes de Bilbao.

La primera de las réplicas la encontramos en la revista madrileña *Blanco y Negro*, el 31 de julio de 1897. Bajo el titular *"Las fiestas en San Sebastián"* se adjunta una fotografía en la que se aprecian los mismos personajes que los de Bilbao, variando los vestuarios de los personajes, como por ejemplo la pareja de aldeanos que cambia su indumentaria arratiana por un vestuario más típico de Gipuzkoa. *«Los señores Larrea y Basterra, de Bilbao, que construyeron las cabezas de los gigantes y cabezudos que figuraron últimamente en las procesiones allí celebradas, han modelado otras nuevas para San Sebastián (...) Un peluquero bilbaino les ha colocado unos postizos magníficos (...) Y las señoras y señoritas doña Ángela*

Gigantes y cabezudos de San Sebastián en 1897. *Euskal Museoa - Museo Vasco Bilbao. F-003828-1.*

Courcieres, doña Beatriz Picaza y doña Josefa Echevarría los han vestido con mucho gusto, confeccionando trajes elegantísimos que se diferencian de los que se hicieron para Bilbao. (...) comprendiendo los inconvenientes que presentaban los armazones de hierro que tienen los gigantes de Bilbao, ha encargado otras armazones de madera, que resultan más cómodas y más ligeras»[54]. Fueron adquiridos por el empresario y dueño de la plaza de toros de San Sebastián José Arana Elorza, y en 1902[55], al no encajar con las costumbres donostiarras, fueron comprados por Aquilino Rodríguez Balzola para el municipio de Irun que hoy en día aún los conserva, los cuales han sido renovados por Eskuartean Imaginería Festiva entre 2018 y 2019.

54. *El Imparcial*. 18 de julio de 1897.
55. *La Voz de Guipúzcoa*. 29 de septiembre de 1932 (pág. 16).

En el año 1906 el Ayuntamiento de Llodio recibe, como regalo por parte del Marqués de Urquijo, una pareja de gigantes y tres cabezudos. Los gigantes representan, al igual que los de Bilbao, a don Terencio y doña Tomasa, mientras que los cabezudos son copias idénticas de la pareja de chinos mandarines y del americano piel roja, aunque en la localidad alavesa se les conoce como *El Rojo*, *El Chino* y *El Negro*.

En 1915 Lekeitio aprueba la compra de unos gigantes a Zumaia y, a su vez, envía también una carta a Gernika interesado en sus gigantes y cabezudos recientemente adquiridos. El Ayuntamiento de Gernika responde que, efectivamente, había adquirido «*"seis Gigantes, cuatro Cabezudos y un Gargantúa"*, cuyo costo total, incluidos trajes, era de unas 5.000 pesetas. Añadiendo: *"fueron confeccionados para otra población, pero como quedase con ellos la casa constructora, por causa que no son del caso enumerar en este lugar, los Adquirió este Ayuntamiento aprovechando esa ocasión". Sintiendo, por otro lado, no poder alquilárselos*»[56].

Sin especificar para qué urbe fueron confeccionados en un primer momento, el hecho de poder ver fotografías de la época permite apreciar que tanto los gigantes y cabezudos como el Gargantúa son similares a los confeccionados para Bilbao en 1896. Los gigantones de Gernika son muy semejantes a la pareja de turcos y a la pareja de moros, mientras que los reyes, representando a aquellos monarcas castellanos que debían jurar los Fueros de Bizkaia bajo el árbol de Gernika, se asemejan bastante a don Terencio y doña Tomasa. Los cuatro cabezudos, por su parte, nacen del mismo molde que la pareja de chinos mandarines y la pareja de americanos negros.

LAS FIESTAS EN SAN SEBASTIÁN

GIGANTONES Y CABEZUDOS QUE SE EXHIBIRÁN EN LAS CORRIDAS DE TOROS DE ESTE AÑO
Reproducción fotográfica por Vidalsol

Revista madrileña *Blanco y Negro*. 31-07-1897 (pág. 11).

Gigantes y cabezudos de Gernika frente a la Casa Consistorial hacia 1920. *Archivo Gernikazarra.*

· · · · · · · · ·

56. IRIGOIEN, Iñaki; GAMINDE, Jon: *Gigantes y cabezudos en Bizkaia*. 1998 (pág. 30).

1934-1951

De los micrófonos de la recién estrenada Radio Emisora Bilbaina surge la idea y recolecta para la construcción de una nueva saga de gigantes, cabezudos y Gargantúa. Descartados los anteriores por inservibles, la iniciativa es un éxito y logra reunir, gracias a las donaciones del pueblo bilbaino, la cantidad necesaria para la construcción de las figuras. El diseño de las figuras corre a cargo de Manuel e Higinio de Basterra, hijos del también artista Serafín de Basterra Eguiluz, quienes crean los personajes en los pasillos de la Escuela de Artes y Oficios situada en la plaza de los Santos Juanes en el barrio bilbaino de Atxuri. Las vestimentas y los diversos objetos que portan los gigantes se hacen realidad gracias a la labor desinteresada de varios comercios locales:

«A don Terencio le regalaron el bastón de mando, fabricado especialmente en aluminio por la casa Earle, y el vistoso traje de terciopelo, así como la corbata de encaje, los almacenes de la Innovación. Doña Tomasa fue vestida por la renombrada modistería de Azpiri y el medallón, que orgullosa ostentaba sobre su busto reproduciendo la efigie de su esposo don Terencio en el más delicado esmalte (para el que hubo de construir un horno especial, dado su tamaño) fue obsequio del famoso orfebre de la calle de Tendería, señor Alvarez. Tal joya iba rodeada de finas perlas. También la mantilla, aba-

Los gigantes pasean por la calle Viuda de Epalza en los años 40. *Archivo personal Eduardo Ruiz de Velasco, cedido por Margarita Ruiz de Velasco.*

nico y guantes, los regalaron diferentes comercios del Casco Viejo. Aunque la confección del fastuoso ropaje de la esposa del Regidor corrió de cuenta de las modistillas, tanto la rica tela como la labor escultórica, pagaron los Sres. Beltrán, Casado y Compañía. El Moro y la Mora, el Turco y la Turca, el Chino y la China, igualmente tuvieron sus padrinos de pila. Haré destacar que la Turca, entre gasas y sedas, midieron cerca de doscientos metros. El amigo Salvador Robles, hoy tan artista en su despacho de la Gran Vía, ¡cuánto se desvivió por nuestra fiesta!

De intento he dejado al Aldeano y a la Aldeana, que fueron vestidos por el comercio de la calle de Tendería, y el monumental paraguas, obsequio de otra tienda típica, la de María Amézaga, que llevaba el maduro vecino de Arratia, hoy en día habría que construirle en los diques de la compañía Euskalduna. La pipa, la auténtica, la

41

Gigantes y Gargantúa por la calle Navarra. *Revista Diputación Foral de Bizkaia (1963).*

de barro, fue obsequio del estanco especializado en tal artículo, establecido en Achuri, cerca del restaurante de Llona; medía cerca de los cincuenta centímetros y el alfarero que la hizo debió cobrar lo suyo. No llegó a romperse y con la misma en los labios fue al sacrificio cuando, también en esta ocasión, surgieron los sucesores de Herodes»[57].

Los gigantes vuelven a ser ocho, calcando los mismos personajes que la anterior generación, con la excepción de la desaparición de la pareja de moros, sustituida por primera vez por una pareja de chinos. Los cabezudos repiten en número, aunque olvidan la representación de los continentes y son reemplazados por personajes populares de Radio Emisora Bilbaina, del propio Bilbao o de oficios de la tierra.

El día 18 de agosto de 1934, fiestas de Bilbao, se estrenan las nuevas figuras dentro de un programa que tiene como acto principal un gran desfile en el que participan carrozas, bandas de música y gigantes de otras localidades:

«Hoy harán su aparición en Bilbao los nuevos Gigantes y Cabezudos y Gargantúa, que vienen a hacer las delicias de los pequeños. A las cinco de la tarde, tres cohetes lanzados desde el Casino del Monte de Archanda anunciarán la salida de los nuevos Gigantes, Cabezudos y Gargantúa, de cada distrito de la villa acompañados de sus Cabalgatas. A la misma hora embarcarán los diferentes cortejos que, procedentes de los pueblos ribereños y del Abra, acuden a la fiesta. Todas las Cabalgatas y Cortejos se congregarán frente al Palacio municipal, donde ya estarán los Gigantes y Cabezudos

. . . .

57. DEL VALLE, Julián: *Historia de Radio Bilbao.* 1972 (pág. 86).

En septiembre de 1934 los recién estrenados gigantes y cabezudos hacen acto de presencia en el hospital de Basurto. *Archivo Foral de Bizkaia - Bizkaiko Foru Agiritegia. AL0017_0687.*

llegados de diversas poblaciones de España y pueblos de la provincia»[58].

Desde el ayuntamiento parte un enorme desfile en el que participan gigantes procedentes de Llodio, Pamplona, Logroño y Vitoria; txistularis de Bilbao y carrozas de municipios como Barakaldo o Sestao, finalizando el monumental acto en la Santa Casa de Misericordia, lugar donde residirían las figuras, aunque esta situación apenas se dé durante un año.

· · · · · · · · ·

58. *La Gaceta del Norte*. 18 de agosto de 1934 (pág. 2).
59. *La Gaceta del Norte*. 28 de agosto de 1945 (pág. 3).

Los barrenderos vuelven a ser los encargados del transporte de las figuras. Generalmente, se agrupan de tres en tres en cada gigante, uno dentro portando y los restantes a los lados para evitar caídas. El turco (el más pesado de los gigantes superando los 60 kg) necesita de cuatro personas para poder ser paseado. Los gigantes, como sus antecesores, tienen sus propios nombres entre los porteadores: Don Terencio y Doña Tomasa, *Pachico* (el aldeano), *Mari Pepa* (la aldeana), *Mustafá* (el turco), *Fu-Manchú* (el chino) y *Flor de té* (la china)[59].

Gigantes y cabezudos en el Arenal. *Archivo personal Eduardo Ruiz de Velasco, cedido por Margarita Ruiz de Velasco.*

Durante la Guerra Civil se suspenden los festejos, con lo que la presencia de los gigantes y cabezudos en la Villa es inexistente. Hay que esperar a enero de 1939 para volver a encontrarlos en los medios de la época: *«También se ocupa el capitular señor Robledo* (Luis María Robledo, concejal franquista del Ayuntamiento de Bilbao) *de restaurar los gigantes y los cabezudos y el Gargantúa, para que sirvan de expansión a los muchachos en días de júbilo como los presentes. Aunque de momento no podrá sacarse el Gargantúa, los gigantes y cabezudos están prestos para hacer la delicia de la gente menuda»*[60].

A partir de ese año se vuelven a ver las figuras paseando por Bilbao en las ya clásicas fiestas de agosto, así como en otras celebraciones —la mayoría de ellas de carácter franquista—, tales como El día de

la victoria, Fiesta de la Liberación, Fiesta del Caudillo o Fiesta del alzamiento, además de festividades concretas como recibimientos al Athletic Club, Festividad de Santiago o en la Fiesta del niño.

Tanto ajetreo de salidas provoca reformas en las figuras: en 1940 se actualizan parcialmente las indumentarias a cargo de Casa Goiri por un total de 555,75 pesetas[61]. Sin embargo, los arreglos no son suficientes debido a los inexistentes cuidados. Así, en 1944, en una carta enviada al periódico *El Correo Español - El Pueblo Vasco*, recogida en la sección "El rincón de la Eutrapelia", donde repasa la desaparición de las anteriores generaciones de gigantes, deja clara la nefasta situación en la que se encuentran las figuras, y advierte que correrán la misma suerte que sus antecesores: *«(...) el destino de estos gigantes es el tristísimo de todas las generaciones nacidas*

. . . .

60. *El Correo Español - El Pueblo Vasco*. 28 de enero de 1939.
61. Archivo Municipal de Bilbao. C-014313/020 (1940).

bajo el signo de Marte: guerra, zozobras, privaciones. Total, que están enfermos del corazón, de reuma y de avitaminosis. Su destino es morir muy pronto. Vestirlos sería tanto como confeccionar su mortaja. Habrá que vestir a sus sucesores»[62]. Ante esta situación, el Ayuntamiento ordena una remodelación completa de todas las figuras festivas. Así, García Basteguieta y León se encarga del arreglo y pintado tanto de los gigantes como de los cabezudos (985 pesetas), mientras que la Casa Tovalina y Cía. Ltda. diseña las nuevas indumentarias de los gigantes (4 340 pesetas) además de un nuevo traje de luces para el cabezudo "Cocherito de Bilbao" (600 pesetas)[63].

Continúan en activo hasta el 18 de junio de 1951, Fiesta de la Liberación, y a partir de ahí desaparecen de los festejos posteriores. En los periódicos locales se recoge su pésimo estado: «(...) ha llegado la hora de decir, sin rodeos, que lo mejor que se puede hacer con la lamentable mamarrachada de nuestros gigantes y cabezudos, es darles fuego y que no quede pingajo por chamuscar. Los ví el día de la novillada del Club Taurino y sentir el rubor del ciudadano de cualquier pueblo en el que, como festejo, desfilara una triste hilera de mendigos harapientos. Ni pido siquiera que se renueven. No vale la pena mantener semejante manifestación de pasmarotes que no divierte ya ni a los niños, acostumbrados a otra clase de entretenimientos. Pudimos observarlo muchos. Cuando llegaron a la plaza de Arriaga, que fue donde se efectuó el relevo, no seguía a los gigantones... ¡ni un solo niño! Lo repito: el espectáculo es lamentable. Una buena hoguera... ¡y a otra cosa!»[64].

Al año siguiente, el Ayuntamiento desestima la cesión de las figuras al Club Taurino por encontrarse «retirados y en desuso»[65]. Una vez más, como consecuencia de la desidia de las autoridades, sucumbe una nueva generación de gigantes y cabezudos.

En un intento por evitar los prácticamente anuales arreglos a las figuras, el teniente alcalde delegado en los servicios de Gobernación (Jacinto Valero Alcochel) indica, en un informe, la necesidad de encontrar un local adecuado para guardar los gigantes, ya que por su altura están tumbados en el suelo, viéndose especialmente afectados los ropajes. Se hace caso omiso y los gigantes y cabezudos "mueren" en el depósito municipal ubicado en Bilbao la Vieja. Julián Echevarria Camarón, en 1954, da más detalles de la situación en la que se encuentran las figuras: «(...) Hacía tiempo que los Gigantes y el Gargantúa estaban en plena indigencia de indumentaria; que eran alto y demasiado visible muestrario de una grandeza venida a menos, con su "koipe" y sus harapos a cuestas. El paso de sus lastimadas figuras por las calles de la Villa daba compasión a las buenas gentes y provocaba la ávida mirada semítica de los traperos. (...) Increíble parece que por falta de adecuado cobijo desaparezca para siempre esta tradicional diversión bilbaina. ¿Es posible que no haya en todo Bilbao un local, una tejavana, donde guardar estos personajes? (...)»[66].

· · · · · · · · ·

62. *El Correo Español - El Pueblo Vasco*. 3 de marzo de 1944.
63. Archivo Municipal de Bilbao. C-014448/003 (1944-1945).
64. *La Gaceta del Norte*. 6 de julio de 1951 (pág. 7).
65. Archivo Municipal de Bilbao. C-014731/023 (1952).
66. *El Correo Español - El Pueblo Vasco*. 16 de mayo de 1954.

Cabezudos

A diferencia de anteriores generaciones en las que, generalmente, los cabezudos representan diversas culturas del mundo, en esta ocasión se descarta esa opción y se opta por personalizarlos encarnando personajes populares y *txirenes* (adjetivo que se atribuye al bilbaino gracioso y bromista). En la presente publicación se cree necesario dedicar un apartado a estas figuras, en muchas ocasiones relegadas a un segundo plano.

Teódulo García *"Whisky"* y la señorita Elena

Se trata de la primera pareja de locutores o *"spikers"* con los que cuenta la, por aquel entonces recién estrenada, Radio Emisora Bilbaina. Con su simpatía y diversidad logran alcanzar cotas de popularidad asombrosas. Destacan en la narración de novelas de aventuras de la época, véase *Las Aventuras del bandido Zingomar contra el detective Nik Carter* (en la que *"Whisky"* emula ser el detective y la señorita Elena la chica secuestrada), o la voz en celebraciones tales como Navidad o en las mismísimas campanadas de Nochevieja.

Voces familiares y cercanas en los tiempos en los que la radio comienza a dar sus primeros pasos en Bilbao.

En la parte inferior, los cabezudos, de izquierda a derecha: Teódulo García "*Whisky*", el negro, Cocherito de Bilbao, la señorita Elena, Belauste y la sardinera. *Euskal Museoa - Museo Vasco Bilbao. F-000570.*

José María Belaustegigoitia *"Belauste"*

Junto con Pitxitxi referencia del fútbol vasco en la década de 1910 y 1920. Jugador durante veinte temporadas en el Athletic Club, siempre de forma *amateur*, basa su juego en su poderío físico, ya que su 1,95 m de altura y 90 kg de peso imponía a cualquier rival que se le pusiera por delante. Destaca también su participación en los Juegos Olímpicos de Amberes de 1920 donde pronuncia la célebre frase de «*A mí el pelotón, Sabino, que los arrollo*».

Nacido en Bilbao en 1889, ejerce como abogado la mayor parte de su vida. Hombre con fuertes idearios nacionalistas, se ve obligado a emigrar a México a consecuencia de la Guerra Civil. Fallece el 4 de septiembre de 1964 en la Ciudad de México, a los 75 años.

Juan Ángel Bilbao *"Chiquito de Abando"*

Juan Ángel Bilbao Agirre nace en Abando (Bizkaia), en junio de 1877. Comienza su recorrido como pelotari jugando de delantero para pasar después a la zaga. De niño trabaja de pelotero en Buenos Aires. En 1887, a la edad de diez años, juega en la capital bonaerense y repite en 1891. Después actúa en varios frontones madrileños, tales como el *Jai Alai*, *Beti Jai* y *Fiesta Alegre*, además de frontones vizcainos como el de Deusto o Portugalete.

Considerado por muchos como el mejor pelotari bilbaino de todos los tiempos, es objeto de homenajes y premios, hasta de una canción:

«El Orfeón de Bilbao, gana los premios cantando.

No hay pelotari en el mundo, como el Chiquito de Abando».

Fallece el 27 de septiembre de 1941 en Las Arenas, a la edad de 64 años.

Los cabezudos tras su restauración en las fiestas de 1939. De izquierda a derecha: El Baturro, el arlequín, el negro, el payaso Pierrot, Chiquito de Abando y la sardinera. *Archivo personal de Eduardo Ruiz de Velasco, cedido por Margarita Ruiz de Velasco.*

Castor Jaureguibeitia *"Cocherito de Bilbao"*

Castor Jaureguibeitia Ibarra, más conocido como *"Cocherito de Bilbao"* nace en Bilbao el 20 de diciembre de 1876. Es un diestro muy considerado por sus compañeros y bien tratado por la crítica que le ve como un torero completo, dominador de todas las suertes (especialmente en la de banderillas) destacando por ser el pionero en la forma de clavar los pares de cuatro en cuatro: vistoso con la capa, sobrio con la muleta y certero con el estoque.

Fallece en Madrid el 28 de febrero de 1928 a los 51 años de edad.

A estos personajes acompaña, en origen, un cabezudo representando a un hombre de raza negra (cabe la posibilidad de que sea en memoria de anteriores generaciones representantes de los continentes) y una sardinera. Acabada la Guerra Civil, en 1939 se une un Pierrot, mientras que las cabezas de Teódulo García *"Whisky"* y la de Belauste son modificadas, creando dos nuevos personajes. El primero pasa a representar un baturro aragonés mientras que el segundo se convierte en un arlequín como complemento del Pierrot. Desconocemos el motivo por el que se modifican las fisonomías de estos cabezudos.

Autores

Higinio de Basterra Berástegui

Higinio nace en Bilbao en 1876 destacando en el ámbito del arte cuando era muy joven (principalmente en la escultura). Estudia en la Escuela de Artes y Oficios de Atxuri, y con 14 años imparte su primera formación en relación al arte. Su trayectoria le lleva hasta la academia Julián de París. Trabaja en el taller familiar, en el que firma numerosos proyectos de diferentes características (principalmente figuras de índole eclesiástica y fúnebre). El prestigioso escultor bilbaino fallece en 1957 a los 81 años de edad[67].

Manuel de Basterra Berástegui

Nacido en Bilbao en 1882 y formado en la Escuela de Artes y Oficios de la Villa, este joven escultor se da a conocer a los 20 años, tras serle concedida una beca de escultura que el jurado otorga por unanimidad. Tras completar la formación necesaria comienza a trabajar en el taller de la familia, situado en la calle Ribera de Bilbao.

Hijo de Serafín de Basterra y hermano menor de Higinio de Basterra, Manuel es autor de diversas obras en varios lugares del planeta, consecuencia de los viajes que realiza el artista. Además, ayuda en la creación de la Unión Arte en 1933, siendo participante de la Asociación de Artistas Vascos. El autor vizcaino fallece en 1947, tras sufrir las represalias de la posguerra, mientras preparaba su próximo viaje a Buenos Aires[68].

67. SÁENZ DE GORBEA, Xabier (et al.). Basterra Berastegui, Higinio de. *Auñamendi Eusko Entziklopedia*. 2021. *https://aunamendi.eusko-ikaskuntza.eus/es/basterra-berastegui-higinio-de/ar-651/*.
68. SÁENZ DE GORBEA, Xabier (et al.). Basterra Berastegui, Manuel de. *Auñamendi Eusko Entziklopedia*. 2021. *https://aunamendi.eusko-ikaskuntza.eus/es/basterra-berastegui-manuel/ar-2201/*.

1962

Bilbao vuelve a estar huérfana de gigantes. En un intento por recuperar las figuras, en 1955, la Comisión Municipal de Gobernación presupuesta 120 000 pesetas para la construcción de una nueva saga de gigantes, cabezudos y Gargantúa[69], idea finalmente desestimada para disgusto del público infantil bilbaino.

En vista del nulo interés de las instituciones de la época por recuperar la imaginería festiva, Radio Bilbao vuelve a ser la encargada de hacer realidad dicho proyecto. Ya con Eduardo Ruiz de Velasco como director de la emisora, en 1961 lanza a los radioyentes la propuesta de recuperar los abandonados gigantes, cabezudos y Gargantúa. Con las anteriores figuras prácticamente destruidas en su totalidad, se presupuesta en 300 000 pesetas la construcción de una nueva generación, siendo los artistas José Luis Teresa y Tomás Martínez de Arteaga los encargados de dicha tarea. Se mantienen los ya tradicionales don Terencio y doña Tomasa, acompañados de la pareja de aldeanos, símbolo del País Vasco más rural. La idea de

La sardinera llega al muelle del Ayuntamiento en barco desde Santurtzi. *Revista Diputación Foral de Bizkaia (1963).*

continuar con la representación de las diferentes culturas en la figura de los gigantes es descartada, optando por modelar personajes más ligados a las costumbres y al cancionero popular bilbaino. Así, en un primer momento se decide añadir al angulero, a la sardinera, al pelotari, a la hilandera, al inglés que vino a Bilbao y a la bilbainita que lo encandiló[70]. Para los cabezudos se mantiene el ideario de la generación anterior, personificando celebridades de la Villa.

Con todas las figuras aprobadas (el número de gigantes se reduce finalmente a ocho, descartando al pelotari y a la hilandera para así disminuir el presupuesto que ya alcanzaba las 340 000 pesetas) en enero de 1962 Radio Bilbao inicia la campaña de recaudación manteniendo la misma idea que en 1934: el propio pueblo, mediante sus aportaciones, haría realidad este proyecto. La donación inicial de cada niño sería de 5 pesetas y los grandes almacenes y comerciantes se harían cargo de las vestimentas. Se marca como fecha límite las fiestas de agosto

69. *El Correo Español - El Pueblo Vasco.* 31 de diciembre de 1955.
70. *El Correo Español - El Pueblo Vasco.* 23 de enero de 1962.

El Inglés cae al suelo junto a la sede de la Sociedad Bilbaina. Foto Lara. *Revista El Ruedo, número 949.*

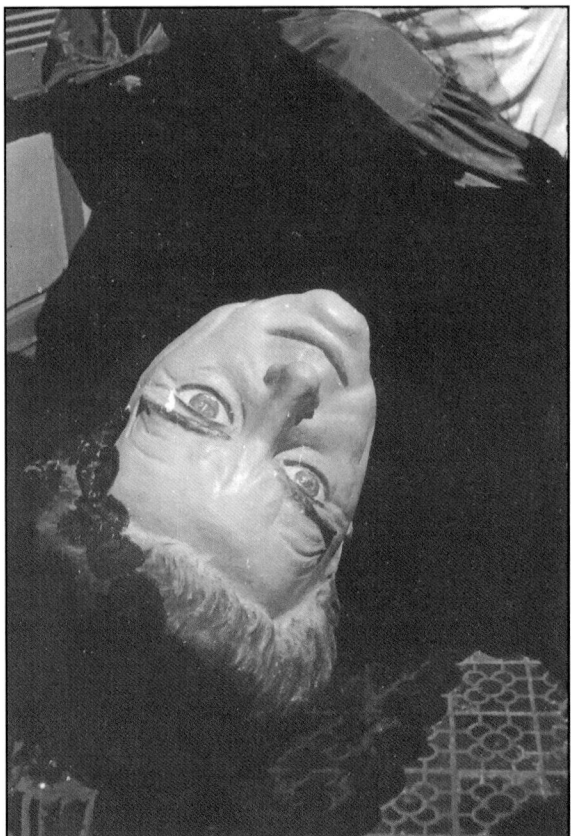

Doña Tomasa yace en el suelo frente al Gobierno Civil. *Archivo personal de Eduardo Ruiz de Velasco, cedido por Margarita Ruiz de Velasco.*

de ese mismo año, con un estreno apoteósico en el que una gran concentración de gigantes y cabezudos reciba a las nuevas figuras. Los medios de la época ya se hacían eco de ello: «*Irán los clásicos cabezudos de Burgos: el alcalde y la alcaldesa, con sus mejillas rosadas a fuerza de queso y vino. Los gigantones árabes de Granada, que abren marcha a la procesión andaluza del Corpus. La Tarasca de cualquier pueblo que se "come" las gorras de los rapaces. Los cabezudos de Castilla la Vieja, que bailan jotas serranas al compás de la dulzaina y del tamboril. Gigantes y cabezudos de Zaragoza con aires zarzueleros (...)*»[71].

Por decisión de los constructores y de cara a evitar que se vean afectados por las humedades, los gigantes se realizan en plástico y aluminio. Para las cabezas de estos se toman modelos de personas reales: el periodista Julián Echevarría *Camarón* para el inglés, una vecina del Regato (Barakaldo, Bizkaia) para la aldeana o la dueña de una conocida cafetería para la bilbainita[72]. Entidades y comercios de la Villa ponen también de su parte: don Terencio fue financiado por Galerías Preciado, doña Tomasa por Agustín Beltrán de Heredia (la mantilla negra que portaba la gigante, con un precio de 20 000 pesetas fue costeada por Los Encajeros), el angulero por Vinos Rojos (el impermeable amarillo característico del gigante es costeado por Bilbao Goyoaga), la bilbainita por ocho comercios del Casco Viejo (el anillo de pedida es donado por un cónsul inglés), el inglés es financiado, en parte, con las 10 000 pesetas recaudadas mediante suscripción entre los marinos ingleses que visitan la Villa, y el vestido de la aldeana es un regalo de los hermanos Aldazabal. Para costear la figura de la sardinera, se disputa un partido de fútbol en el campo de San Jorge (Santurtzi, Bizkaia) entre el equipo titular y veintidós trabajadores de Radio Bilbao vestidos de romanos. En definitiva, todo el pueblo de Bilbao pone su granito de arena para hacer realidad esta nueva generación de gigantes y cabezudos[73].

· · · · · · · ·

71. *El Correo Español - El Pueblo Vasco.* 8 de marzo de 1962.
72. *La Gaceta del Norte.* 9 de agosto de 1962 (pág. 7).
73. *El Correo Español - El Pueblo Vasco.* 9 de agosto de 1962 (pág. 3).
74. *El Correo Español - El Pueblo Vasco.* 25 de octubre de 1964 (pág. 16).

Los gigantes realizan una parada frente al Palacio de la Diputación Foral de Bizkaia. *Archivo personal de Eduardo Ruiz de Velasco, cedido por Margarita Ruiz de Velasco.*

El 19 de agosto de 1962, en un caluroso domingo, son presentadas las nuevas figuras. Les acompañan ocho gigantes provenientes de Alicante, Logroño, Amorebieta y Sestao (una pareja por municipio), junto a doscientos txistularis y grupos de danzas como Gaztedi Dantzari Taldea (Santutxu, Bilbao), Beti Alai (Basurto, Bilbao), Oñaitarri (Matiko, Bilbao) o Santurzano de Kabiezes (Santurtzi, Bizkaia). La figura de la sardinera llega en embarcación hasta el muelle de Sendeja, tal y como manda la canción "Desde Santurce a Bilbao". Tras unas emocionadas palabras del director de Radio Bilbao este hace la ofrenda al representante de la Corporación Municipal, Emilio de Ibarra, quien da las gracias a Radio Bilbao y en su nombre a Eduardo Ruiz de Velasco. De la misma manera, agradece al pueblo de Bilbao la entrega de los nuevos gigantes y cabezudos y se da comienzo al desfile, partiendo desde el ayuntamiento hasta la Santa Casa de Misericordia.

La premura con la que se hacen los gigantes, unido al enorme peso que tienen al ser de plástico y aluminio, dificulta en exceso el poder portarlos. La mala estabilidad obliga a tener que ser sujetados por cuatro personas y apoyados sobre una base de tres ruedas en forma de bola dispuestas en triángulo, lo que resta vistosidad[74]. Este hecho provoca la caída de dos de los gigantes bilbainos: «*Al inglés debía pesarle mucho su gran cámara fotográfica. Allí, en el puente de la Victoria, dio con su humanidad en el suelo: tuvo suerte y quizá eligió el lugar, porque como buen inglés fue acogido en un Club, en la Sociedad Bilbaína, en donde quedó, tumbado en el portal sin que hubiera forma de echarle a andar, tal vez porque no le dieron un buen whisky escocés. Poco después en la plaza de Moyúa se vino abajo doña Tomasa. Tampoco eligió mal, porque ella, esposa de don Terencio que representa la autoridad, fue llevada al Gobierno civil; no había manera de meterla en casa y se estuvo varias horas*

Gigantes en su estreno en agosto de 1962. *Revista Diputación Foral de Bizkaia (1963)*.

la buena de doña Tomasa, tan digna y peripuesta, tumbada en la acera»[75].

Días después se anuncia que «*inmediatamente va a ser modificada la estructura de los gigantes. Su único defecto fue que dieron demasiada "anchura de pecho"*»[76]. No es así. Los gigantes no pasan del día de la presentación y permanecen almacenados en las dependencias municipales hasta su desaparición. En los años posteriores los cabezudos y Gargantúa continúan en los programas festivos, sin los gigantes. Bien es cierto que el promotor de esta nueva saga, Eduardo Ruiz de Velasco, lucha hasta el último momento por revivir a esta efímera generación de gigantes, llegando a solicitar, en el año 1963, presupuesto a la casa El Arca de Noé de Madrid para nuevas cabezas y manos para los gigantes[77].

· · · · · · · · ·

75. *La Gaceta del Norte*. 21 de agosto de 1962 (pág. 9).
76. *La Gaceta del Norte*. 25 de agosto de 1962 (pág. 8).
77. Archivo personal Eduardo Ruiz de Velasco.

Cabezudos

Manteniendo la idea de utilizar personajes característicos de Bilbao, José Luis Teresa y Tomás Martínez de Arteaga construyen seis cabezudos por un total de 54 000 pesetas. Esta vez, los protagonistas elegidos son un pelotari, un torero, un futbolista del Athletic Club, un bilbaino al estilo chimbero y una pareja de payasos (Augusto y Clown) como homenaje a los hermanos Tonetti. Para todo ello, se basan en modelos de personajes reales de la época: «*No podemos terminar estas líneas —que proseguiremos en fecha próxima— sin comunicar a nuestros lectores una de las más sugestivas características de la nueva dinastía de Gigantes y Cabezudos: para la realización de varios de éstos se han tomado como uno de los diversos personajes célebres de nuestra Villa. Así, para "El futbolista" ha prestado su fisonomía Zarra; don Mario Ugarte (po*pular hincha del Athletic) *para "El Bilbaino", don Julián Valle (fundador y director de Radio Bilbao) para "El Torero" (...)*»[78].

Los cabezudos y el Gargantúa en las fiestas del barrio de Santutxu en los años 60. De izquierda a derecha: El bilbaino, payaso estilo Augusto, el futbolista, el pelotari, el torero y el payaso estilo Clown. *ARCHIVO MUNICIPAL DE BILBAO. Fondo: La Gaceta del Norte. Autor: desconocido. 0301_004191_F-000255-006.*

78. *El Correo Español - El Pueblo Vasco.* 9 de agosto de 1962 (pág. 3).

Los cabezudos en pésimo estado en 1978. *ARCHIVO MUNICIPAL DE BILBAO. Fondo: La Gaceta del Norte. Autor: Betargi. 0301_004207_F-000255-006.*

A pesar de no ser acompañados por los gigantes, los cabezudos continúan animando las calles de la Villa en las escasas fiestas que se celebran, anunciados como *«comparsa de cabezudos y Gargantúa»*. Ya en 1970, el estado de las cabezas es bastante deplorable, aprobando el Ayuntamiento la reparación de las seis figuras a José Luis Teresa por un total de 11 500 pesetas[79]. Son entregadas el 22 de mayo de ese mismo año, listas para las fiestas de barrios o conmemoraciones de la época. Continúan animando las calles bilbainas hasta mediados de los años 70, momento en el que dejan de aparecer en la programación festiva.

En 1978, con motivo de la novedosa Aste Nagusia vuelven a aparecer los enanos, tal y como lo describe Marino Montero: *«Y tan sólo podíamos contar con media docena de destartalados Cabezudos, conocidos en Bilbao como "enanos", totalmente desconchados y sin ropaje alguno, entre los que creo recordar un jugador del Athletic (Pichichi), un torero (¿Cocherito?), un payaso augusto, una pareja de dantzaris y otra cabeza femenina inidentificable»*[80]. Pese a que la identificación de los cabezudos es incorrecta, muestra una idea del estado en el que se encuentran.

Ese mismo año, tras finalizar la Semana Grande, desaparecen las seis cabezas, en paradero desconocido hasta hoy. La última constancia de ellas la encontramos en la noticia sobre la restauración de los gigantes de Bilbao en 1982[81], donde reposan las cabezas en el taller de Sopuerta de Pedro Goiriena. Ignorando su final, podemos imaginar que terminaron en algún municipio o, teniendo en cuenta la relación del artista Goiriena con el mundo del teatro, en alguna función teatral.

· · · · · · · · ·

79. Archivo Municipal de Bilbao. C-015890/001 (1968-1970).
80. *Gora Aste Nagusia*. 1993 (pág. 54).
81. *El Correo Español - El Pueblo Vasco*. 24 de julio de 1982.

Aste Nagusia. Ongi etorri!

En 1978, después de largos años de dictadura y con la idea de reinventar las entonces llamadas "Fiestas de Bilbao" se plantea un concurso de ideas bajo el nombre *"¡Hagamos populares las Fiestas de Bilbao!"*, impulsada por Kiko Mochales, relaciones públicas de El Corte Inglés, y patrocinado por la misma casa, en la que se busca un modelo festivo más participativo. El ganador de este concurso es el colectivo Txomin Barullo, quien asienta las bases de lo que hoy conocemos como Aste Nagusia.

El 2 de julio de 1978 se constituye la Comisión de Fiestas encargada de dar forma al programa festivo, con un margen de maniobra muy escaso al disponer únicamente de 48 días para el inicio de la recién ideada Aste Nagusia. En lo relativo a los gigantes, cabezudos y Gargantúa el panorama es desolador: los primeros están desaparecidos, los segundos se encuentran en mal estado y el tercero tiene los dos brazos amputados, así como considerables desperfectos y humedades. Con esta situación y el corto espacio de tiempo para el inicio de las fiestas, es imposible recuperar las figuras bilbainas, y se considera necesario solicitarlas a algún municipio vecino. El elegido es Vitoria-Gasteiz.

El 17 de agosto[82], a tan solo dos días del inicio de Aste Nagusia, una representación de la Comisión de Fiestas acude a la capital babazorra a fin de comprobar el estado en el que se encuentran tanto los gigantes como el Gargantúa (un lavado de cara *exprés* permite disfrutar de los cabezudos bilbainos supervivientes de la generación de 1962). De los seis gigantes con los que cuenta la capital alavesa,

Los gigantes *gasteiztarras* recién llegados a dependencias municipales en 1978. *ARCHIVO MUNICIPAL DE BILBAO. Fondo: La Gaceta del Norte. Autor: desconocido. 0301_004208_F-000255-006.*

se opta por trasladar cuatro. La iniciativa de organizar un concurso llevando las figuras desde Vitoria hasta Bilbao a hombros no prospera[83] y se decide contratar un camión para traer los gigantes y un tráiler para el Gargantúa.

Los cuatro gigantes, la pareja de aldeanos de Aramayona y de la Montaña Alavesa, llegan después de cuatro horas de viaje a Bilbao, el día 18 de agosto:

82. *La Gaceta del Norte*. 18 de agosto de 1978 (pág. 8).
83. *La Gaceta del Norte*. 18 de agosto de 1978 (pág. 8).

«Los aldeanos llegaron bien. Fueron descargados hacia las tres de la tarde, en el servicio de Materias Inflamables, local del Ayuntamiento, donde quedaban los restos de gargantúa, hecho un desastre. Los gigantes eran demasiado altos, y no pudieron ser colocados de pie. Estaban tumbados cada uno por su lado. Las aldeanas, a mucha distancia una de otra, como si se llevaran mal. Ellos, juntos. Todos ataviados como corresponde al atuendo más popular: camisa de cuadros, pipa, y no podía faltar, la boina. Ellas, con la cesta en la mano, y pañuelo en la cabeza»[84].

Destaca el hecho de que no se cuenta con porteadores para bailar los gigantes: *«Por otra parte, la Comisión de Fiestas nos informa que falta personal para llevar por las calles los famosos gigantes y cabezudos. Todos los voluntarios que se quieran prestar a esta labor, por la cual se le remunerará, deberán dirigirse hoy, a las doce del mediodía, a la citada Comisión en el Ayuntamiento»*[85]. Las figuras, además, no regresan en buen estado debido principalmente a la inexperiencia de los porteadores que no pueden evitar alguna que otra caída. El coste total por la cesión de los gigantes y del Gargantúa asciende a 249 475 pesetas, 200 000 en gastos de transporte y las 49 475 pesetas restantes en dietas para el cuidador de las figuras[86].

La segunda edición de Aste Nagusia tan solo puede contar con la presencia del renovado Gargantúa de Bilbao, trabajo realizado por el grupo teatral Cómicos de la Legua-Kilikilariak en la Feria de Muestras. Ante la falta, nuevamente, de gigantes y cabezudos (las cabezas de los cabezudos supervivientes de 1962 son descartadas) el mismo grupo inicia una serie de conversaciones con el Ayuntamiento de Estella-Lizarra con el fin de que sean sus figuras las que alegren las fiestas bilbaínas[87]. Lo que en un principio parecía un acuerdo finalmente queda en nada, ya que el mal estado en el que quedan las figuras durante las fiestas de Lizarra hizo imposible su traslado a las fiestas de la capital vizcaína. Nuevamente, se opta por solicitar los gigantes y cabezudos a la capital alavesa, la cual presta sus seis gigan-

La Regüevera junto al cabezudo *La vieja* pasean por la calle Bidebarrieta en Aste Nagusia 1979. *ARCHIVO MUNICIPAL DE BILBAO. Fondo: La Gaceta del Norte. Autor: desconocido. 0301_006071_F-000255-006.*

tes, aunque debido de nuevo a la falta de personal para bailarlos el número de figuras en los pasacalles se ve reducido a una pareja o a un máximo de tres gigantes, alternando personajes según el día. Los cabezudos son cuatro: el famoso *Ojo Biriki, Calvaseca, La señorita* y *La vieja*.

· · · · · · · ·

84. *La Gaceta del Norte*. 19 de agosto de 1978 (pág. 9).
85. *La Gaceta del Norte*. 19 de agosto de 1978 (pág. 9).
86. *Gora Aste Nagusia*. 1993 (pág. 54).
87. *La Gaceta del Norte*. 29 de julio de 1979 (pág. 3).

1980

Acabadas las fiestas de 1979 y ante la insostenible situación de continuar pidiendo prestados gigantes y cabezudos a otras poblaciones, la Comisión de Fiestas, aprovechando el remanente de 360 000 pesetas de la primera Aste Nagusia (así como de la financiación del ya mencionado Kiko Mochales) contacta con Pedro Goiriena para la proyección de una nueva generación de gigantes. Se mantienen los clásicos don Terencio y doña Tomasa además de la pareja de aldeanos. Siguiendo con la idea de la saga de 1962 de incluir personajes del cancionero popular bilbaino continúan el inglés y la bilbainita. A estas tres parejas se unen otras tres más, todas ellas con el objetivo de dar una visión más completa de la historia de la Villa de Bilbao: por un lado, los representantes de las clases obreras que desde hace tantos siglos engrandecieron Bilbao, personificados en el ferrón o herrero de San Francisco, la cigarrera de Santutxu, el marino que tripulaba las embarcaciones que atracaban en la ría y la carguera que descargaba todo tipo de género. Por último, se añade una alusión a la dualidad tradicionalista-liberal que ha caracterizado a los bilbainos, encarnada en las figuras de Tomás de Zumalakarregi e Isabel II.

Con el dinero mencionado alcanza para seis gigantes (Kiko Mochales anuncia que El Corte Inglés se hará cargo de los gastos de el inglés y la bilbainita)[88], dejando la construcción del resto a la espera de que se consiga la financiación necesaria. Es entonces cuando, después de una serie de gestiones, el 19 de diciembre de 1979, la Caja de Ahorros Vizcaína, la Caja de Ahorros Municipal y el Banco

Bilbao aportan, cada una de ellas, 200 000 pesetas[89], con lo que es posible contar con el elenco completo para el siguiente año. El coste total de las doce figuras alcanza la cifra de 1 160 000 pesetas. Para la fecha de presentación de toda la comitiva se proponen los carnavales de 1980, concretamente el día 24 de febrero, *domingo de piñata*.

El 7 de febrero, presentación de los carnavales de Bilbao, se adelantan don Terencio y doña Tomasa, que, acompañados de txistus y de txarangas, parten a las 20:00 desde la iglesia de San Antón, pasando por la calle Tendería, Correo y atravesando el Arenal finalizan el acto frente al ayuntamiento para recibir el saludo del entonces alcalde Jon Castañares:

«Al daros la bienvenida a la Casa de la Villa, es decir vuestra casa, quiero dejar constancia de que toda la Corporación Municipal valora ampliamente el mérito extraordinario que representa el resucitar esta antigua y bella tradición de los carnavales, debida al impulso de esta participación popular.

Sean bienvenidos D. Terencio y Doña Tomasa, y sobre todo, vuestra ilusión, vuestra juvenil alegría y vuestro afán de una absoluta convivencia de todo el pueblo de Bilbao en torno a la fiesta.

Como sabéis nos encontramos celebrando una sesión plenaria. Mis compañeros de Corporación y los asuntos pendientes nos esperan. Por ello he de renunciar a lo que más me gustaría en estos momen-

88. *La Hoja del Lunes*. 3 de diciembre de 1979 (pág. 9).
89. *Gora Aste Nagusia*. 1993 (pág. 55).

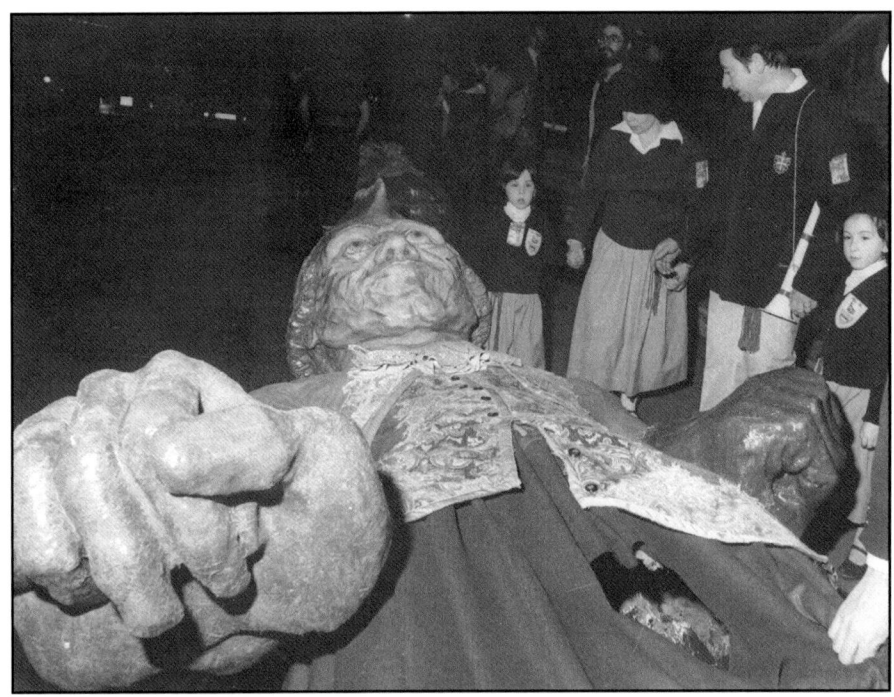

Don Terencio reposa en el suelo antes de su estreno el 7 de febrero de 1980. *ARCHIVO MUNICIPAL DE BILBAO. Fondo: La Gaceta del Norte. Autor: desconocido. 0301_006075_F-000255-006.*

tos: participar junto a vosotros en esta alegría general, recorriendo las calles de la villa. Disfrutarlo.

¡Felices carnavales, bilbainos!

Y gracias comparsas, por vuestra gran aportación a las fiestas de Bilbao»[90].

El programa de actos para el día 24 dice así: «*I Encuentro de Gigantes y Cabezudos. Los flamantes gigantes serán recibidos por sus "colegas" de Tudela, Estella y Tolosa. Alrededor de las doce y media del mediodía, acompañados por txistularis, fanfarrias y comparsas, así como del Gargantúa, realizarán el tradicional itine-*

rario desde el pórtico de Santiago hasta el Arenal, donde la Banda Municipal de Música les obsequiará con unos bailables. El acto terminará con la lectura de un escrito por parte de la Comisión en el que se hace al Ayuntamiento depositario de esos "doce bultos", ante el pueblo de Bilbao, especialmente ante los niños»[91].

La presentación resulta un desastre: el pasacalle se inicia a las dos menos veinte de la tarde y tanto la Banda Municipal como el Gargantúa no están presentes. Además, solo acuden las comparsas de Tudela y Tolosa. A todo ello hay que sumar que no están los doce gigantes bilbainos. Los presentes están inacabados, por lo que es imposible bailarlos. El acto de entrega al Ayuntamiento por parte de la Comisión de Fiestas no se produce, ya que el único represen-

· · · · · · · · ·

90. *El Correo Español - El Pueblo Vasco*. 8 de febrero de 1980 (pág. 3).
91. *El Correo Español - El Pueblo Vasco*. 8 de febrero de 1980 (pág. 3).

El estreno de las figuras en Bilboko Jaiak 1980 cuenta únicamente con la cigarrera, el inglés y los cabezudos. *ARCHIVO MUNICIPAL DE BILBAO. Fondo: La Gaceta del Norte. Autor: desconocido. 0301_004214_F-000255-006.*

La prensa se hace eco de la desastrosa presentación de la nueva generación de gigantes. *La Gaceta del Norte (26-02-1980). Biblioteca Foral de Bizkaia - Bizkaiko Foru Liburutegia.*

tante que acude es Pedro López Merino, presidente de la Comisión de Fiestas, al cual, por cumplimentar el trámite se le hace entrega simbólica de las figuras[92].

El 21 de marzo de ese mismo año se hace la entrega oficial de los gigantes al Ayuntamiento, en el que se reúnen los representantes de cada entidad que ha colaborado en la financiación de las figuras: El Corte Inglés (Kiko Mochales), Caja de Ahorros Municipal (Roberto Chaurri), Caja de Ahorros Vizcaína (Salvador Arriola), Banco Bilbao (Francisco Espejo Saavedra), Marino Montero como depositario del montante de Aste Nagusia 1978 y Pedro Goiriena como miembro de Cómicos de la Legua-Kilikilariak. Junto a todos ellos se encuentra el delegado de la Comisión de Fiestas: el concejal del Ayuntamiento Tasio Erkizia.

En la entrega se acuerdan dos puntos:

1) «*Entrega oficial al Ayuntamiento de Bilbao de los gigantes para su guarda y custodia como conservador del patrimonio municipal, ya que pasan a ser propiedad del pueblo de Bilbao, cuya administración municipal corresponde a dicho Ayuntamiento*».

2) «*Realizar el abono de la parte correspondiente a la financiación de los gigantes: "El Inglés y la Bilbainita", "Don Terencio y Doña Tomasa", "El minero y la cigarrera", "El marino y la carguera", "Zumalakarregi e Isabel II" y "El aldeano y la aldeana", abono a hacer directamente a los realizadores de los mismos: Cómicos de la Legua, en la persona de su representante legal, don Pedro Goiriena*»[93].

· · · · · · · · ·

92. *La Gaceta del Norte*. 26 de febrero de 1980 (pág. 9).
93. *El Correo Español - El Pueblo Vasco*. 22 de marzo de 1980 (pág. 3).

Gigantes, cabezudos y Gargantúa en las fiestas de 1983. *ARCHIVO MUNICIPAL DE BILBAO. Fondo: Ayuntamiento de Bilbao. Autor: desconocido. 01_009426_F-000023-018.*

El acuerdo por parte del Ayuntamiento de velar por la correcta conservación de las figuras queda, una vez más, en nada. Así lo explica el grupo de animación infantil Oskus: «*El Ayuntamiento no ha hecho otra cosa que almacenarlos en el pabellón de desinfección de la calle Zankoeta —local húmedo y donde se advierte ya algún deterioro de los gigantes—, al mismo tiempo que ha mantenido, desde el 8 de febrero hasta el pasado 18 de junio, a Doña Tomasa en los bajos del Teatro Arriaga, protegida por una simple mampara, pese a las reiteradas peticiones hechas al Ayuntamiento por los Cómicos de la Legua, para que fuesen trasladados a un lugar más acogedor. En todos los municipios que gozan de la presencia de los gigantes, el Ayuntamiento tiene establecidas unas normas de conservación y de una cuadrilla de porteadores, pero nada de ésto reza con el Ayuntamiento de Bilbao, el cual no ha establecido norma alguna de conservación y utilización ni ha designado conservador y porteadores, y, en el culmen de la desidia, ni tan siquiera previsto dedicar partida alguna de su presupuesto para los presumibles gastos de mantenimiento*»[94].

La respuesta del Ayuntamiento se limita a indicar que los gigantes «*están perfectamente bien alojados en el edificio de desinfecciones de la calle Zancoeta*». Además, añade que los gigantes «*tienen un defecto de diseño en su armazón que no permite portarlos con comodidad*». De igual manera, indica que «*designar una cuadrilla de*

· · · · · · · · ·

94. *El Correo Español - El Pueblo Vasco*. 26 de junio de 1980 (pág. 8).

porteadores y un conservador para esos trabajos en exclusiva es en la actualidad prácticamente inviable»[95].

La tercera edición de Aste Nagusia no se llega a celebrar. El alcalde Jon Castañares opta por un modelo festivo municipal en vez de popular que con tanto éxito se había desarrollado en los dos años anteriores. Ante esta situación, se suspenden prácticamente todas las actividades programadas, incluso el nombre de las fiestas, que ese año se denominan *Bilboko Jaiak 1980*. Los gigantes y los cabezudos, al ser propiedad municipal, salen del ayuntamiento a las 10:00 de la mañana en pasacalles, junto a una reducida banda de txistularis. Los porteadores vuelven a ser gente inexperta (la mayoría de ellos personas en paro), pues el Ayuntamiento hace un llamamiento a toda persona parada para que, cooperando en el

pasacalle de los gigantes y cabezudos puedan recibir una remuneración por su participación.

Su estreno en fiestas de 1980 no puede ser más desafortunado: *«Con más de una hora de retraso salió del Ayuntamiento el pasacalles que, después de la sokamuturra, abría el programa de actividades festivas del día de ayer. Previsto para las 10 de la mañana, a las once y cuarto partían con destino al Arenal tres jóvenes txistularis, de la academia municipal, seguidos por dos gigantes y cinco cabezudos, que se esforzaron por animar el pasacalles, en el que apenas participaban unos, mientras que otros paseaban paralelamente a la comitiva, pero sin meterse en ella. Alrededor de las diez y cuarto eran cuatro los gigantes —de los doce que hay— que estaban previstos para participar en el pa-*

Los gigantes pasean por el Casco Viejo en 1981. *ARCHIVO MUNICIPAL DE BILBAO. Fondo: La Gaceta del Norte. Autor: Francisco Gras. 0301_004223_F-000255-006.*

· · · · · · · · ·

95. *El Correo Español - El Pueblo Vasco.* 27 de junio de 1980.

Las figuras descansan en El Arenal. Aste Nagusia, 1982. *ARCHIVO MUNICIPAL DE BILBAO. Fondo: La Gaceta del Norte. Autor: desconocido. 0301_004232_F-000255-006.*

sacalles, pero a la hora de la partida solamente dos salieron a alegrar las calles de Bilbao»[96].

El mal estado de conservación de los gigantes por parte del Ayuntamiento continúa en la misma línea. *«Actualmente, los gigantes se encuentran abandonados en un pabellón de Basurto, inacabados, toda vez que el grupo que los construyó, "Cómicos de la Legua", se disolvió. Es de temer que de no tratarlos con el especial cuidado que requieren, lo más posible es que la inversión realizada en ellos, superior al millón de pesetas haya sido en balde»*[97].

Como consecuencia de esta situación los arreglos puntuales son constantes, aunque poco eficientes. De hecho, los gigantes no pueden participar en los carnavales de 1982 por el estado en el que se encuentran. Esta situación deriva ese mismo año en una remodelación más profunda. Con un presupuesto que ronda el millón de pesetas, Pedro Goiriena, ya en el colectivo Kasimorone de Sopuerta, es de nuevo el encargado de recomponer los maltratados gigantones: *«Los técnicos de Kasimorone sustituirán las bases de aluminio que sustentaban a estos armatostes de cuatro metros de altura por otras de madera. Estas últimas, aunque aumenten*

· · · · · · · ·

96. *La Gaceta del Norte. Bilbao en fiestas (suplemento).* 17 de agosto de 1980 (pág. 2).
97. *La Gaceta del Norte. Bilbao en fiestas (suplemento).* 16 de agosto de 1981 (pág. 2).

Gigantes y cabezudos antes de su remodelación como consecuencia de las inundaciones. Aste Nagusia 1983. *ARCHIVO MUNICIPAL DE BILBAO. Fondo: La Gaceta del Norte. Autor: desconocido. 0301_004197_F-000255-006.*

Desde el año 1983 los gigantes son acompañados por los gaiteros. En la fotografía Javi Santamaria y Agustín Alonso, gaiteros de Gaztedi Dantzari Taldea (Santutxu) en fiestas de 1985. *Archivo Javi Santamaria, cedida por Begoña Arroyo.*

considerablemente el peso de las figuras, garantizarán su estabilidad al hacer más bajo el centro de gravedad. La base de aluminio, que pesaba muy poco, provocaba desplazamientos del centro de gravedad, puesto que la parte superior era muy pesada. Eso hacía que las figuras fueran muy poco manejables y muy molesto moverse de un lado a otro con ellos encima (...) Otra innovación importante radica en el vestuario que llevarán los gigantes. Éste se podrá quitar y poner, al contrario del que poseían, con el objeto de facilitar su cuidado y evitar el deterioro que sufrían las ropas que hasta ahora usaba»[98]. Otro dato a tener en cuenta es que, desde

ese mismo año 1982, Euskal Dantzarien Biltzarra (hoy en día bajo la delegación Bizkaiko Dantzarien Biltzarra) es la encargada de bailar los gigantes.

A principios de julio de 1983 se aprueba un presupuesto de 562 000 pesetas para una nueva reparación de los gigantes, cabezudos y Gargantúa. Sin embargo, este nuevo arreglo no sirve de mucho ya que, en agosto, la gota fría arrasa toda Bizkaia. Naturalmente, los gigantes no son ajenos a esta situación. Las figuras pasan las fiestas guardadas en el pórtico de la Catedral de Santiago,

· · · · · · · ·

98. *El Correo Español - El Pueblo Vasco*. 24 de julio de 1982.

Las reparaciones fueron una constante. En la fotografía de 1982 los gigantes y antiguos cabezudos de Bilbao en el taller de Pedro Goiriena en Sopuerta, Bizkaia. *ARCHIVO MUNICIPAL DE BILBAO. Fondo: La Gaceta del Norte. Autor: desconocido. 0301_004228_F-000255-006.*

que se ve muy afectado por las graves inundaciones. Nuevamente, Pedro Goiriena se encarga de la reparación, más costosa que la anterior al ser necesario, entre otras, la construcción de nuevas manos o de un nuevo moldeado de las caras. El año 1983 destaca también en el ámbito musical, ya que los gigantes pasan a bailar al son de las gaitas navarras, desplazando a los txistularis a la cabeza de la comitiva junto con los cabezudos. Participan los gaiteros de los grupos de danzas Beti Jai Alai de Basurto (dos bandas), Gaztedi Dantzari Taldea de Santutxu e Ikusgarri Dantza Taldea de Portugalete, además de los Gaiteros de Pamplona - Iruñeko Gaiteroak.

· · · · · · · · ·

99. *La Gaceta del Norte.* 30 de mayo de 1986 (pág. 12).

Pasan los años y la situación de abandono de los gigantes sigue siendo la tónica habitual: «*Los organizadores del acto habían previsto la participación de los gigantes, portados por miembros del Euskal Dantzarien Biltzarra. Sin embargo, los gigantes esperaron el regreso de la comitiva en la Plaza Circular. Los miembros de este grupo de danzas decidieron no participar en la comitiva por considerar que las estructuras de los muñecos no se encuentran en buen estado y que su diseño entorpece el baile. Esta renuncia de Euskal Dantzarien Biltzarra responde, asimismo, a las críticas que su actividad con los gigantes ha recibido en el informe de las comparsas sobre las últimas fiestas de Carnaval*»[99].

Este informe destaca que «*la gente encargada de bailar los gigantes y cabezudos no tiene ni noción ni idea de 'bailarlos'. Creemos que es una pena invertir tanto dinero en su realización para que luego no luzcan, un despilfarro*». Euskal Dantzarien Biltzarra se defiende de las acusaciones indicando que «*la estructura actual de los gigantes no es la más adecuada ya que el peso lo tienen en la parte alta, con lo que hay un importante desequilibrio que dificulta enormemente nuestras evoluciones. La parte inferior del gigante, ocupada por los porteadores, es una especie de cabina de teléfono de madera, muy estrecha, en la que introducen la cabeza por un pequeño agujero a modo de collar para, con los hombros, sostener la estructura (conocida entre los porteadores como "la guillotina"). Creemos que esto es muy peligroso. En caso de que un 'gigante' se caiga —durante los últimos Carnavales este hecho se repitió en dos ocasiones— el cuello de los porteadores corre peligro e incluso alguno podría quedarse "seco". Además, se suele contar con unas almohadillas que resguardan los hombros del roce de la madera. Pues bien, algunos de los 'gigantes' no tienen esas almohadillas y, en las últimas fiestas, algunos porteadores terminaron sangrando de los hombros*». La falta de ensayo también es motivo de queja: «*según nos traen los 'gigantes' en un camión tenemos que 'bailarlos'*». Añaden, por último, que los gigantes, almacenados en las instalaciones municipales de Garellano, evidencian que «*no hay un servicio de cuidado y mantenimiento. Parece que tal y como se guardan después de la Aste Nagusia se sacan para Carnavales. Así están muy sucios y a algunos les faltan los dedos, un brazo, etc.»*[100]. Ante esta situación, el máximo representante municipal en la Comisión de Fiestas Julián Fernández anuncia una *«limpieza de cara»* a los gigantes, así como la construcción de una nueva generación de gigantes que estará *«lista para Aste Nagusia 1987»*. Sin embargo, no fue así. En las fiestas de 1986 ocho de los gigantes se pasean por Bilbao con un tono verdoso, tanto en sus rostros como en sus ropas, todo ello provocado por la humedad del local en el que están guardados.

Por fin, en julio de 1987, el Ayuntamiento presenta a concurso el proyecto de Nuevo Gargantúa. El elegido es el artesano de Deba José Ignacio Urbieta. Aprovechando esta situación, él mismo se encarga de la reparación de las figuras, tanto de los gigantes como de los cabezudos, quedando listos para Aste Nagusia de 1987. Al realizar los arreglos oportunos las figuras de doña Tomasa e Isabel II desaparecen. Existen dos versiones sobre su final: algunos sugieren que las humedades del local en el que pasaban el año dejaron las dos figuras totalmente inservibles. Otros, en cambio, narran que en un traslado de Garellano al taller de Sopuerta de Pedro Goiriena, un accidente las destrozó. En 1989, último año en activo de las restantes figuras en Aste Nagusia, sufren su última remodelación, añadiéndoles algunos complementos, así como manos nuevas.

Con la llegada de la actual generación de gigantes las figuras son arrinconadas, con alguna aparición fugaz en concentraciones o en exposiciones. Desde 2008, la exposición anual de los gigantes y cabezudos municipales que se organiza en Euskal Museoa - Museo Vasco Bilbao permite apreciar las figuras de esta breve generación.

En 1998 Nati Ortiz de Zarate modifica el vestuario de los antiguos gigantes, mientras que Antonio Valdivieso *Toño* pinta y restaura las figuras. Además, ese mismo año se desechan los caballetes de madera de los gigantes y se colocan unos nuevos de hierro, tal y como llevan las figuras de la actual generación.

Las dos generaciones coincidieron en Aste Nagusia de 1989. *Archivo Gautxoriak Erandio.*

· · · · · · · · ·

100. *El Correo Español - El Pueblo Vasco.* 10 de junio de 1986 (pág. 5).

DON TERENCIO

Constructor: Cómicos de la Legua-Kilikilariak
Fecha de presentación: 7 de febrero de 1980

DOÑA TOMASA

Constructor: Cómicos de la Legua-Kilikilariak
Fecha de presentación: 7 de febrero de 1980 (desaparece en 1986)

PAREJA DE ALDEANOS

Constructor: Cómicos de la Legua-Kilikilariak
Fecha de presentación: 24 de febrero de 1980

EL INGLÉS

LA BILBAINITA

Constructor: Cómicos de la Legua-Kilikilariak
Fecha de presentación: 24 de febrero de 1980

EL FERRÓN

LA CIGARRERA

Constructor: Cómicos de la Legua-Kilikilariak
Fecha de presentación: 24 de febrero de 1980

EL MARINO

LA CARGUERA

Constructor: Cómicos de la Legua-Kilikilariak
Fecha de presentación: 24 de febrero de 1980

ZUMALAKARREGI

Constructor: Cómicos de la Legua-Kilikilariak
Fecha de presentación: 24 de febrero de 1980

ISABEL II

Constructor: Cómicos de la Legua-Kilikilariak
Fecha de presentación: 24 de febrero de 1980 (desaparece en 1986)

Cabezudos

En esta saga de figuras de 1980 coinciden dos generaciones de cabezudos:

La primera de ellas, presentada en "Bilboko Jaiak 1980" consta de seis figuras, aunque en un primer momento se llegaron a diseñar hasta veinte personajes, todas ellas representando a vagabundos o tipos famosos de Bilbao de ese ambiente de marginados. La construcción de estas figuras corre, del mismo modo que los gigantes, a cargo del grupo Cómicos de la Legua-Kilikilariak, con Pedro Goiriena al mando del proyecto. El coste de cada una de las cabezas ronda las 50 000 pesetas, financiadas en parte por la suscripción "pro-cabezudos" donde ciudadanos anónimos ingresan dinero en la cuenta corriente abierta por la Caja de Ahorros Vizcaína[101].

Estos cabezudos tan solo duran dos años. Su corta vida es consecuencia del destrozo que sufren las cabezas. Hoy en día solo se conserva una de ellas, la de Vicente Jodra Sanz, que permaneció escondida durante años en dependencias municipales como consecuencia de la denuncia de la familia del propio Jodra, a la cual no le era de buen agrado la idea de tener a su familiar personificado en un cabezudo. Hace su primera aparición en 1996, descartando el nombre original para pasar a denominarse "carbonero" o "aldeano".

Vicente Jodra Sanz *"Jodra"*

Popular personaje nacido en Pamplona el 19 de abril de 1845. En la década de 1880 llega a Bilbao. Pertenece a la comitiva de músicos del Regimiento de Garellano en sus años mozos, pero su avanzada edad le obliga a retirarse y a sobrevivir con una mísera pensión, teniendo que subsistir gracias a las ganancias que consigue tocando la flauta en las calles y cafés.

Posee verdadera intuición musical y toca un silbo de hojalata que chillaba destempladamente. Toca con la boca y la nariz para hacer el solo de tenor y coro, «*tiene nuestro flautista callejero un repertorio vastísimo: tan pronto se le oye una cavatina de Fausto, como una romanza de Martha o un recitativo de Ugonotti (...) Tiene siempre en cartera un flamante himno de Riego o una exótica Marsellesa para cuando ve algún grupo de liberales o republicanos; el moderno canto socialista para cuando divisa a Perezagua; el majestuoso Himno Vasco Gora ta gora Euzkadi... cuando ve a Fuchi u otro prestigioso nacionalista y el grave De profundis para cuando se aparece algún carlista*»[102].

Fallece el 5 de marzo de 1922 a los 77 años, a consecuencia de un accidente.

. . . .

101. *La Gaceta del Norte*. 21 de julio de 1979 (pág. 4).
102. DE ARRIAGA, Emiliano: *Revoladas* (pág. 205).

ARCHIVO MUNICIPAL DE BILBAO. Fondo: Ayuntamiento de Bilbao. Autor: Foto Ortega. 01_014043_F-000129-004.

EL ALDEANO O CARBONERO

Constructor: Cómicos de la Legua-Kilikilariak
Año de construcción: 1980
Personaje original: Vicente Jodra Sanz

Don Paquito Olalde *"El saludos"*

Nacido en Bilbao en 1828, Manuel de Olalde Céspedes era conocido en la Villa por sus exagerados y elaborados saludos o reverencias a todo ciudadano que se le presentaba, subsistiendo gracias a las contraprestaciones que recibe por parte de los viandantes (de ahí que en Bilbao se le conociera como *"el saludos"*). Hijo de familia adinerada y distinguida —los Olalde— fue apartado de ellos por temor a que les robara, mudándose a la calle Ascao número 26. Sus únicos alimentos son las frutas y legumbres que consigue en el Mercado de La Ribera, todo ello después de hacer su clásico saludo, desquitándose siempre su sombrero de copa alta, acompañado por su traje y corbata y su inseparable paraguas. Indalecio Prieto lo describe como *«un anciano delgado, de tez macilenta, con la nariz colorada y destilante, que iba recogiendo del suelo hojas de col y lechuga pisoteadas por los transeúntes»*.

Después de 8 días sin noticias de don Paquito, las autoridades derriban la puerta de su domicilio ante la preocupación de sus vecinos, hallando el cadáver un 29 de noviembre de 1895, arrodillado al pie de su lecho y en actitud suplicante, devorado por sus compañeras las ratas y rodeado de basuras y periódicos viejos, un claro ejemplo de lo que hoy en día se conoce como síndrome de Diógenes.

ARCHIVO MUNICIPAL DE BILBAO. Fondo: La Gaceta del Norte. Autor: Bernardo. 0301_004195_F-000255-006.

Ortega V, Bereciartúa JM. 3000 viejas fotos para la historia de Vizcaya. Álbum I. Bilbao desde 1850. Bilbao: La Gran Enciclopedia Vasca, 1976.

José María Gorrochategui *"Cochemari"*

Originario de Izurtza (Bizkaia), este popular *txirene* es famoso por conocer los nombres de los más de cien pueblos de la provincia, capaz de enumerarlos de carrerilla. Pero si le interrumpía *«algún chiste, o una sola interjección, o el zumbido de una mosca»* es incapaz de continuar y ha de volver a empezar: *«Durango, Mañaria, Bermio, Mundaka, Seberio...»* para terminar con un triunfal y alegre *«¡Bilbao!»*[103], tras lo cual, como recompensa a la divulgación de su saber alargaba la mano para pedir unos honorarios en profundo silencio. Emiliano de Arriaga lo apoda como *«el Diógenes de Vizcaya, el filósofo de Izurza, el estoico, el cínico o el peripatético del Duranguesado»*. Este curioso personaje aborrece trabajar. ¿Su argumento? Que se cansa.

Debido a su avanzada edad es ingresado en la Santa Casa de Misericordia. El 2 de enero de 1900, en mitad de una limpieza general, se apoya en uno de los colchones que estaba en la ventana para que se oerase y cae por el hueco, falleciendo en el acto a los 75 años de edad.

· · · · · · · · ·

103. *http://www.psiquifotos.com/2012/03/220-chirenes-clasicos-de-bilbao.html.*

Cholopocholo

Emiliano de Arriaga lo describe así: «con su luengo blusón azul desmayado y su aplastada boina del mismo color puesta a guisa de solideo, encorvado el lacio cuerpo, en desaliño su larga, poblada y cerdosa barba negra en la que viene ya apuntado alguna que otra indiscreta angula, y con mirada de carnero en degollina, (...) en actitud melancólica, taciturna y con paso mesurado»[104]. Sufre de una hernia, lo que provoca que cada poco tiempo necesite sentarse en el primer banco que encuentra. Inocente en el sentido clásico del término, pero de contrastada habilidad para sablear (especialmente en las casas de los más adinerados de la Villa) es de lo que se vale para sobrevivir en la urbe.

De apellido *Elorza*, pasa largos periodos en iglesias y procesiones, donde destaca su fuerte vozarrón, especialmente cuando reza el Rosario, con sus *Ora pro nobis* y sus *amenes*, prolongando en sibilante "s".

24-08-1981 *La Hoja del Lunes* (pág. 19).

El gordo de los rosarios

Originario del Duranguesado (donde nace a mediados del siglo XIX) es un hombre orondo con las piernas semibaldadas, lo que le impide caminar con fluidez. Se vale de un par de bastones para caminar y en multitud de ocasiones se cae al suelo, negando siempre la ayuda de cualquier viandante, gritando: «*Dios me ha tirado, Dios me levantará*». Se gana el pan de cada día vendiendo toda clase de rosarios y crucifijos a la salida de las iglesias. K-Toño Frade hijo lo define así:

«*Su aspecto físico era un poema. La cara era tipo pan de ocho gordas, mal afeitado como una lija blanca, su nariz roma y escasa y sobre ella unas diminutas gafas de culo de vaso de chiquito; para dar mayor apariencia a su forma de sablear se tocaba con una bimba tipo inglés que en un tiempo hubiera pasado por negra pero que tenía más polvo que una repisa de la catedral de Santiago (decían*

Ortega V, Bereciartúa JM. 3000 viejas fotos para la historia de Vizcaya. Álbum I. Bilbao desde 1850. Bilbao: La Gran Enciclopedia Vasca, 1976.

· · · · · · · ·

104. DE ARRIAGA, Emiliano: *Revoladas* (pág. 161).

que cuando estornudaba salía tal polvareda del bombín que parecía una tormenta de arena en el Sahara), bajo el blusón negro grisáceo de donde pendía toda clase de rosario y cordones, guardaba un bote o lata de pimientos vieja para aliviarse rápidamente cuando le venía un apretón de vejiga»[105].

Vicente Blanco *"El cojo"*

Nacido en Deusto en 1884, Vicente Blanco llega a ser campeón de España en ciclismo a pesar de faltarle los cinco dedos del pie derecho como consecuencia de un accidente laboral en los diques de Astilleros Euskalduna y haberle seccionado prácticamente el pie derecho una barra de metal incandescente cuando trabajaba en La Basconia (empresa siderúrgica). De ahí que se le conozca con el sobrenombre de el cojo. Ante esta situación, con una invalidez absoluta, comienza a trabajar en la ría de Bilbao como botero, donde gracias a los pocos ahorros que logra, puede comprarse una vieja bicicleta que él mismo restaura prácticamente en su totalidad. Pese a los fracasos en sus inicios, en 1908 vence en Gijón a los mejores

25-08-1980 La Hoja del Lunes (pág. 21).

ARCHIVO MUNICIPAL DE BILBAO. Fondo: Ayuntamiento de Bilbao. Autor: Foto Ortega. 01_014041_F-000129-004.

ciclistas estatales, y al año siguiente hace lo mismo, con un recibimiento apoteósico del pueblo de Bilbao a su llegada a la Villa. Abandonando el ciclismo en 1916, con el dinero que había ganado gracias a sus triunfos con la bicicleta abre varios negocios, todos ellos sin éxito. Fallece el 24 de mayo de 1957 a los 73 años, totalmente solo y arruinado[106].

· · · · · · · · ·

105. *Bilbao*. nº 106. Junio de 1997 (pág. 42).
106. *https://www.eitb.eus/es/radio/radio-euskadi/programas/boulevard/detalle/6268596/vicente-blanco-ciclista-bilbaino-pies-participo-tour/*.

Actuales cabezudos tras su restauración y nueva indumentaria en 1998. *Autora: Nati Ortiz de Zarate. Euskal Museoa - Museo Vasco Bilbao. 2010-2003-Hoja6A-F2.*

Los cabezudos con sus trajes originales durante Aste Nagusia 1983. *ARCHIVO MUNICIPAL DE BILBAO. Fondo: Ayuntamiento de Bilbao. Autor: desconocido. 01_009428_F-000023-018.*

En 1982, de nuevo de la mano de Pedro Goiriena, ya miembro del colectivo Kasimorone de Sopuerta, surge una nueva saga de cabezudos. Esta vez las tres nuevas parejas representan a damas y a caballeros de Bizkaia, Gipuzkoa y Araba ataviados con trajes típicos del siglo XVI. La elaboración de los atuendos está basada en algunos de los dibujos recogidos en el libro *Vascos y trajes*. Como consecuencia de las inundaciones de 1983, el mozo vizcaino queda totalmente inservible, siendo sustituido en 1984 por otra cabeza que se mantiene en la actualidad.

Ya en 1987, tras la remodelación que realiza José Ignacio Urbieta a las figuras, su aspecto varía considerablemente, aunque mantienen sus vestimentas originales. Estos trajes (debido al poco cuidado que se les proporciona) son intercambiados entre los cabezudos, haciendo difícil el reconocimiento de los personajes a los que verdaderamente representan. El cambio más importante se produce en 1998, cuando se encomienda a Nati Ortiz de Zarate la realización de nuevos trajes para los cabezudos. Con las nuevas indumentarias los personajes olvidan, en parte, su origen del siglo XVI.

En 2024 la vestimenta de la pareja de monaguillos y del diácono es modificada por Beatriz Valdivieso.

HOMBRE MEDIEVAL

Constructor: colectivo Kasimorone (Sopuerta, Bizkaia)
Año de construcción: 1982
Personaje original: Muchacho gipuzkoano del siglo XVI

MUJER CON TOCADO MEDIEVAL

Constructor: colectivo Kasimorone (Sopuerta, Bizkaia)
Año de construcción: 1982
Personaje original: Dama gipuzkoana del siglo XVI

EL DIÁCONO

Constructor: colectivo Kasimorone (Sopuerta, Bizkaia)
Año de construcción: 1982
Personaje original: Muchacho alavés del siglo XVI

MUJER CON TOCADO MEDIEVAL

Constructor: colectivo Kasimorone (Sopuerta, Bizkaia)
Año de construcción: 1982
Personaje original: Dama alavesa del siglo XVI

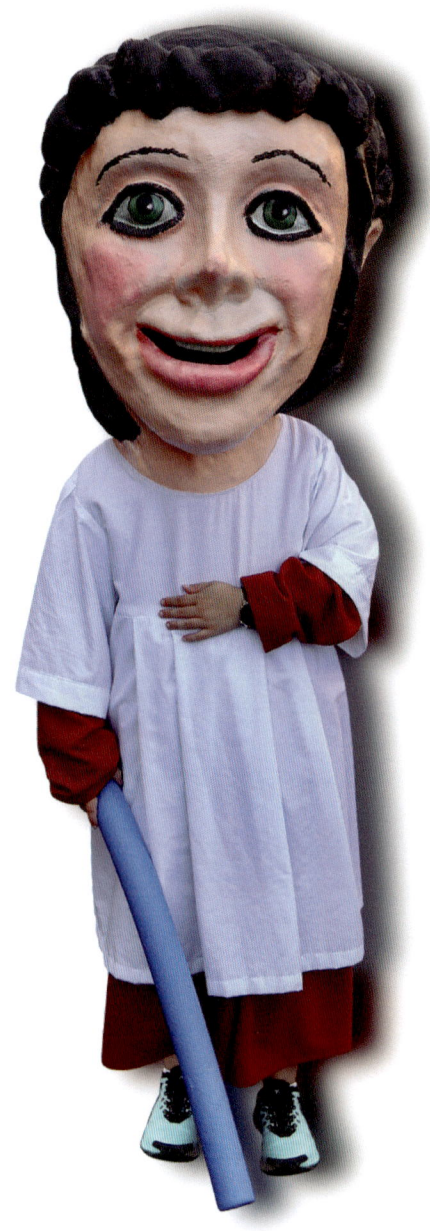

MONAGUILLO

Constructor: colectivo Kasimorone (Sopuerta, Bizkaia)
Año de construcción: 1982
Personaje original: Muchacha vizcaina del siglo XVI

MONAGUILLO

Constructor: colectivo Kasimorone (Sopuerta, Bizkaia)
Año de construcción: 1984
Personaje original: Muchacha vizcaina del siglo XVI

MUCHACHO VIZCAINO DEL SIGLO XVI

Constructor: colectivo Kasimorone (Sopuerta, Bizkaia)
Año de construcción: 1982
Año de desaparición: 1983

Autor

Pedro Goiriena Díez nace en Barakaldo en 1953. Aunque su actividad dentro del ámbito artístico empieza a desarrollarse en la década de los 70 (con notable presencia en el teatro y en diversas exposiciones), no es hasta la siguiente década que empieza a construir y restaurar gigantes, cabezudos e imaginería festiva en general.

Como miembro del colectivo Cómicos de la Legua-Kilikilariak, los primeros trabajos que presenta el autor barakaldés son la restauración del Gargantúa de Bilbao en 1979 y la construcción de los doce gigantes y seis cabezudos de la generación de 1980 para la capital vizcaina. A partir de entonces son múltiples los gigantes y cabezudos que Goiriena construye, aunque ya fuera del grupo anteriormente mencionado (generalmente en solitario)[107].

Con el inicio de la década de los 90, Pedro Goiriena abandona la construcción de figuras festivas para dedicarse casi exclusivamente a la pintura, participando y exponiendo sus obras en diferentes galerías, bien de forma individual como colectiva. Tanto medios locales como diferentes autores destacan de Goiriena el carácter y formato de las obras, aportando sentimiento de violencia y gestualidad que reflejan las agitaciones del artista[108].

107. GOIRIENA, Pedro Luis: *ARTEDER. Base de Datos de Arte Vasco*. Bilboko Arte Ederren Museoa - Museo de Bellas Artes. *https://arteder.museobilbao.com/ms-opac//permalink/3@000000243*.
108. *Barakaldo Digital*. 21 de junio de 2010. *http://barakaldodigital.blogspot.com/2010/06/el-barakaldes-pedro-goiriena-vuelve-la.html*.

Generación actual

En vista del trabajo realizado por el artista fallero Vicente Luna (por mediación del artista José Ignacio Urbieta) con el Gargantúa presentado en 1988, el Ayuntamiento opta por encargarle la nueva hornada de gigantes. Vicente Luna realiza el modelado en barro, el molde y las reproducciones en resina así como los caballetes de hierro, mientras que Urbieta es el encargado de pintar las figuras, dejando en manos de Pepita Arriola la confección de las vestimentas.

Hay que esperar hasta 1989 para poder ver los nuevos gigantes por las calles bilbainas. El primer domingo de fiestas de la Semana Grande se presentan tres de ellas: doña Tomasa, la bilbainita e Isabel II, que salen junto con los gigantes de la anterior generación. *«La sorpresa de la mañana vino también de la mano de los gigantes. Por primera vez en algunos años, las 6 parejas de las altísimas figuras bilbainas salían juntas a la calle. Ello fue posible gracias a la incorporación de última hora de las mujeres del inglés, Zumalakarregi y el Corregidor. El soporte de estos tres nuevos gigantes es bastante diferente al de sus colegas, ya que la madera ha sido reemplazada por aluminio».* José Ignacio Urbieta aporta más detalles: *«He buscado que el conjunto fuera armonioso, que no tuvieran esos rasgos tan desproporcionados como tenían los antiguos (...) Están hechos de poliéster, que es un material resistente, y la estructura es de metal en lugar de la antigua de madera, que permite que haya más espacio y, por tanto, más movilidad para que puedan danzar»*[109]. Doña Toma-

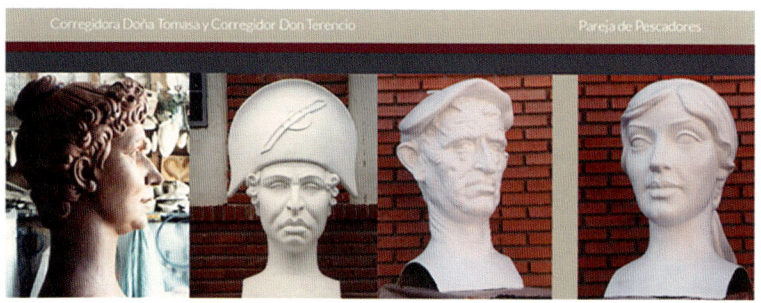

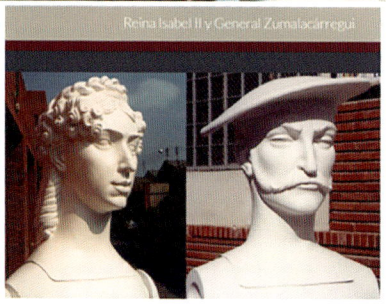

Moldes originales de los gigantes. *Web oficial del taller Vicente Luna de Valencia.*

109. *El Correo Español - El Pueblo Vasco.* 27 de agosto de 1989 (pág. 52).

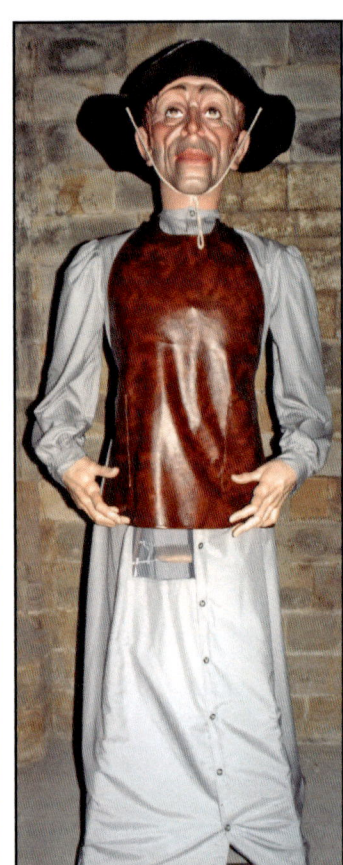

Los gigantes finaliza-
dos por José Ignacio
Urbieta antes de ser
entregados al Ayun-
tamiento de Bilbao.
Imágenes cedidas po
Pablo Turrillas.

Baile de los gigantes frente al Teatro Arriaga en 1992. *ARCHIVO MUNICIPAL DE BILBAO. Fondo: Ayuntamiento de Bilbao. Autor: desconocido. 01_013961_F-000099-002.*

sa no pasa del día de su estreno, y es que su pareja, don Terencio, se da de bruces en la clásica bajada desde la plaza Elíptica, con lo que pasan el resto de días reposando en el pórtico de la Catedral de Santiago.

Al año siguiente se amplía el elenco en cinco gigantes más: don Terencio, el aldeano, la aldeana, el inglés y Zumalakarregi, estrenados en el chupinazo de Aste Nagusia de 1990. De esta forma, los antiguos gigantones son descartados, siendo almacenados en dependencias municipales. Por fin, el 11 de febrero de 1991, se

hace entrega de las últimas cuatro figuras: el ferrón, la cigarrera, el marino y la carguera, presentadas en carnavales[110]. El hecho de que se realicen en varias tandas, así como la necesidad de recortar los caballetes a algunas de las figuras debido al desequilibrio que provocan a la hora de bailarlos (a cargo de Juan Carlos González Lázaro, de Leioa[111]), hace que las alturas entre unos y otros difieran.

El coste de cada figura (incluyendo vestuario, correajes y caballetes) es de 575 000 pesetas, siendo el coste total de las doce figuras 6 900 000 pesetas. Desde entonces han tenido que ser reformados

· · · · · · · · ·

110. Archivo Municipal de Bilbao. C-038289/010 (1991).
111. Archivo Municipal de Bilbao. C-038420/005 (1994).

Generación actual desfilando en 1990. *ARCHIVO MUNICIPAL DE BILBAO. Fondo: Ayuntamiento de Bilbao. Autor: desconocido. 01_013866_F-000075-002.*

La salida de los gigantes en carnavales es algo tradicional. En ocasiones han intercambiado sus trajes, como en esta fotografía del año 2001. *ARCHIVO MUNICIPAL DE BILBAO. Fondo: Ayuntamiento de Bilbao. Autor: desconocido. 01_013999_F-000102-007.*

varias veces como consecuencia de los escasos cuidados que se les proporcionan. Las reparaciones de las figuras son prácticamente anuales.

Destaca por encima de toda reparación el año 1994, cuando un individuo prende fuego a los gigantes que se encuentran junto al pórtico de la catedral de Santiago en los carnavales de ese mismo año. Don Terencio y el inglés sufren daños irreparables, mientras que los demás padecen importantes desperfectos en sus indumentarias. El Ayuntamiento vuelve a adquirir dos réplicas de los gigantes dañados a Vicente Luna por un total de 1 150 000 pesetas, entregados el 16 de mayo de ese mismo año[112]. En 1996 sufren otro gran lavado de cara por parte de la empresa Argi-Studio por un total de 493 546 pesetas[113]. En 2005 Toño Valdivieso es el encargado de la reparación y pintado de todas las figuras, mientras que del arreglo del vestuario se encarga Sastrería Pedro de Santutxu por un total de 4 176 euros[114].

Resulta igualmente interesante la caracterización con motivo del 700º aniversario de Bilbao. Don Terencio, doña Tomasa, el ferrón y la cigarrera ven como sus indumentarias son modificadas evocando al Terencio, Tomasa y pareja de aldeanos de la generación de 1896. Nati Ortiz de Zarate se basa, junto a Iván López, en la litografía de José Arrue para realizarlas, mientras que Jesús Uranga se encarga del *attrezzo* y Alicia Suarez de la peluca del ferrón. El 17 de junio del año 2000, día grande de la celebración del aniversario, tanto los gaiteros como los porteadores lucen indumentarias del siglo XIX.

El actual séquito se completa en el año 1998 cuando, con motivo del centenario del Athletic Club y el 20º aniversario de Aste Nagusia, la Konpartsa Moskotarrak propone representar a la leyenda del Club Rafael Moreno Aranzadi *Pitxitxi*, y su pareja Avelina Rodríguez Miguel *Lina*. Basándose en el conocido cuadro titulado *Idilio en los campos de sport,* de Aurelio Arteta, los artesanos de

· · · · · · · ·

112. Archivo Municipal de Bilbao. C-038413/004 (1994-1996).
113. Archivo Municipal de Bilbao. C-038495/011 (1996).
114. Archivo Municipal de Bilbao. C-043907/025 (2006-2007).

Gigantes en Molins de Rei (Catalunya) en 2023. *Autores: Borja Romero y Aitor Santamaria.*

la empresa Loitz Artesanía Cerámica de Deusto construyen los dos nuevos gigantes, mientras que Estibaliz Berria se encarga del vestuario. El coste de cada figura asciende a 750 000 pesetas[115]. La presentación de la nueva pareja se produce el 28 de julio de 1998, en el palacio Ibaigane (sede del club rojiblanco), recorriendo las calles de Bilbao por primera vez en la concentración de gigantes organizada para el *Konpartsero Eguna* y celebrada el 31 de julio de ese mismo año.

Durante el año, todas las figuras se almacenaban en el edificio de materias inflamables ubicado en Sabino Arana. Actualmente, descansan en otro almacén municipal localizado en la calle Padre Larramendi en el barrio de Rekalde.

Por su parte, durante las fiestas han pasado por diversos lugares: al principio en el pórtico de la catedral de Santiago, después en el edificio de La Bolsa de la calle Santamaría y, más tarde, en el Teatro

· · · · · · · · ·

115. *El Correo Español - El Pueblo Vasco.* 29 de julio de 1998.
116. Archivo Municipal de Bilbao. C-038532/012 (1996-1997).

Arriaga. Desde 2008 ocupan el Museo Vasco, aprovechando la exposición de las figuras durante el verano. Como consecuencia de las obras realizadas en el Euskal Museoa - Museo Vasco Bilbao, entre 2022 y 2024 los gigantes se exponen en el yacimiento del Museo de Reproducciones ubicado en Bilbao la Vieja, partiendo los pasacalles de Aste Nagusia de 2023 y 2024 desde el Museo de Pasos de Bilbao.

Aunque no han llegado a participar dentro de la comitiva municipal de gigantes y cabezudos de Bilbao, durante estos años diferentes figuras han colaborado con la agrupación, o han quedado relegadas a un simple proyecto:

Tras el fallecimiento en noviembre de 1995 del popular director de la banda de música de Bilbao **Urbano Ruiz Laorden**, el Ayuntamiento, con el fin de homenajearlo, propone la adquisición de un gigante que lo representase. El 27 de mayo de 1996 se presenta el presupuesto: suma un total de 779 291 pesetas entre el gigante, su indumentaria, los escudos de Bilbao y de la música, y el caballete de hierro. El encargado de realizar la figura es nuevamente el artista fallero Vicente Luna. Por su parte, el caballete sería obra de Juan Carlos González Lázaro de Leioa. La nueva figura «*mostraría un rostro sonriente, llevaría una batuta en la mano derecha y esta iría levantada, simulando el acto de dirección de la orquesta*»[116]. Un técnico del consistorio acude a Valencia para valorar la nueva figura pero resultó no ser de su agrado, por lo que se opta por descartar el nuevo proyecto y romper las relaciones entre el Ayuntamiento y Vicente Luna.

Dentro de los actos conmemorativos del 80º aniversario del primer Gobierno Vasco la fundación AG1RRE LEHENDAKARIA encarga la creación de un gigante en homenaje al primer lehendakari vasco, **José Antonio Aguirre**. Es construido por Toño Valdivieso

Don Terencio, doña Tomasa, el ferrón y la cigarrera caracterizados emulando la generación de 1896 con motivo del 700º aniversario de Bilbao. *Autores: Borja Romero y Aitor Santamaria.*

(persona encargada del mantenimiento de los gigantes de Bilbao por el Ayuntamiento), mientras que la confección de la ropa corre a cargo de Beatriz Valdivieso. El nuevo gigante se presenta el 28 de agosto de 2016 en el estadio San Mamés, antes de comenzar el primer partido de liga contra el F.C. Barcelona. Para la cita el gigante es vestido con una camiseta del Athletic evocando su pasado como jugador rojiblanco. Le acompañan Pitxitxi, don Terencio y doña Tomasa. En 2017, la asociación BilbaoHistoriko organiza el concurso *"Buscamos pareja para el Gigante de José Antonio Aguirre"*, y se elige a **Mª Dolores de Ibarruri, La Pasionaria** como su pareja. Sin embargo, este hecho queda en proyecto, no realizado hasta la fecha. Las apariciones de la figura del lehendakari Aguirre han sido esporádicas y permanece almacenado junto al resto de personajes en las dependencias municipales ubicadas en el barrio de Rekalde.

En 2016 la comparsa Txomin Barullo presenta en la bajada del inicio de fiestas un gigante realizado por los propios miembros. Consta de un cabezudo de **Groucho Marx** (símbolo característico de la comparsa) sobre un cuerpo cuadricular. Participa en la concentración de gigantes del último día de Aste Nagusia en 2016.

Por último, no se puede olvidar una figura imprescindible en las fiestas de Bilbao: **Marijaia**, el símbolo festivo por excelencia de Aste Nagusia. Creada por la pintora Mari Puri Herrero, se estrena el 19 de agosto de 1978 en la primera edición de la Semana Grande. Marijaia representa la alegría de la llegada de las fiestas, brazos en alto y amplia sonrisa. Su diseño, a diferencia de los gigantes, no consta de un caballete, sino de una vara de hierro que mantiene la estructura. La tradición manda que el último día de fiestas la figura sea quemada, dando así fin a las fiestas de agosto.

Gaztediko Gaiteroak acompaña desde los inicios a los gigantes de Bilbao. De izquierda a derecha: Joselu Angulo, Aitor Santamaria y Borja Romero. *Autor: Javi Santamaria.*

Gigantes

• •

Don Terencio y doña Tomasa

Clásica pareja presente en Bilbao desde el siglo XVII, presidiendo las sucesivas generaciones de gigantes que ha conocido la Villa. Actualmente él simboliza al fiel representante de la figura del Corregidor, institución creada por la Corona de Castilla, encargado de convocar y presidir las Juntas Generales, con la primera referencia en Bizkaia en el año 1394. Ella, esposa de este, una dama con mantilla y abanico.

Representantes del continente europeo durante años, el origen de sus nombres es desconocido. Miguel de Unamuno los considera unos representantes políticos, investigando entre los antiguos alcaldes de Bilbao sin hallar a ninguno con ese nombre.

El vestuario de doña Tomasa es completamente modificado por Beatriz Valdivieso en 2015, con telas adquiridas en Tejidos Ezkar (La Ribera, Bilbao), basándose en los diversos documentos que recogen la moda de mediados del siglo XIX.

Han sido objeto de numerosas canciones y rigodones, siendo quizá, el más popular aquel que entona:

> *«Ya viene la reina mora, cayéndosele la atorra*
> *ya viene doña Tomasa, con el abanico a casa».*

DON TERENCIO

Constructores: Vicente Luna (Valencia) y José Ignacio Urbieta (Deba)
Año de construcción: 1994 (La figura original se construye en 1990)
Peso: 62,60 kg. **Altura**: 4 m

DOÑA TOMASA

Constructores: Vicente Luna (Valencia) y José Ignacio Urbieta (Deba)
Año de construcción: 1989
Peso: 56,60 kg. **Altura**: 3,73 m

El aldeano y la aldeana

Surgen en la generación de 1896 y su aparición no es casual, ya que se produce en medio del aumento de los movimientos nacionalistas vascos, representando al entorno rural de Bilbao. Con el paso de las generaciones de gigantes su aspecto ha ido variando: en un principio los constructores se basan en el arquetipo de los aldeanos del Valle de Arratia: él con pelo largo, sombrero y pipa de barro, y ella como hilandera. Más tarde su aspecto pasa al clásico aldeano *xelebre* y a la *etxekoandre*. La pareja actual, con una imagen más rejuvenecida, se aleja de todos los modelos anteriores.

EL ALDEANO

Constructores: Vicente Luna (Valencia) y José Ignacio Urbieta (Deba)
Año de construcción: 1990
Peso: 53,30 kg. **Altura**: 3,59 m

LA ALDEANA

Constructores: Vicente Luna (Valencia) y José Ignacio Urbieta (Deba)
Año de construcción: 1990
Peso: 49,90 kg. **Altura**: 3,70 m

El inglés y la bilbainita

Incorporados por primera vez en la generación de 1962 por iniciativa de Radio Bilbao con el objetivo de dar una visión más amplia del cancionero bilbaino, se mantienen en la actual generación, con modificaciones de vestuario e imagen. El inglés, representante de la industrialización que llega a Bizkaia en el siglo XIX, y la bilbainita que lo encandila tal y como recoge la tradicional canción:

«Un inglés vino a Bilbao
por ver la Ría y el mar
y al ver a las bilbainitas
ya no se quiso marchar.
Y dijo... vale más una bilbainita
con su cara bonita
con su grasia y su sal (bis)
que todas las americanas
con su inmenso caudal (bis)».

EL INGLÉS

Constructores: Vicente Luna (Valencia) y José Ignacio Urbieta (Deba)
Año de construcción: 1994 (La figura original se construye en 1990)
Peso: 59,60 kg. **Altura:** 3,90 m

LA BILBAINITA

Constructores: Vicente Luna (Valencia) y José Ignacio Urbieta (Deba)
Año de construcción: 1989
Peso: 50,10 kg. **Altura:** 3,70 m

El ferrón y la cigarrera

Con el objetivo de dar una visión más amplia de la historia de Bilbao y reconociendo el mérito de las clases trabajadoras que engrandecieron Bizkaia durante el siglo XX, esta pareja simboliza al herrero o ferrón del barrio de San Francisco y a la cigarrera trabajadora en la Compañía Arrendataria de Tabacos (1878-1936), ubicada en la Anteiglesia de Begoña junto a la ermita de San Francisquito, en Santutxu.

Las cigarreras de Santutxu se convierten en un referente en las protestas por la mejora de los derechos laborales, realizando el día 8 de marzo de 1889 la primera huelga de mujeres. Las trabajadoras trabajaban desde las 7 de la mañana hasta las 10 de la noche, sin festivos, y por 500 pesetas anuales. Ante esta situación optan por organizar un motín, reteniendo al administrador. La huelga da sus frutos, ya que el Gobernador mejora sus condiciones laborales.

La figura de la cigarrera ha sido confundida en multitud de ocasiones con la carguera, intercambiando vestimenta, brazos o incluso pareja durante años. En origen, su indumentaria consta de una camisa de flores, falda naranja y corpiño negro, con un nudo en su pañuelo, desaparecido desde las fiestas de 1992.

EL FERRÓN

Constructores: Vicente Luna (Valencia) y José Ignacio Urbieta (Deba)
Año de construcción: 1991
Peso: 49,40 kg. **Altura:** 3,55 m

LA CIGARRERA

Constructores: Vicente Luna (Valencia) y José Ignacio Urbieta (Deba)
Año de construcción: 1991
Peso: 52,20 kg. **Altura:** 3,52 m

El marino y la carguera

Representantes del comercio marítimo que tanto han aportado durante siglos, esta pareja evoca, por una parte, al marino que surcaba, durante meses, los océanos en busca de pesca con la que alimentar a toda la población vizcaina. No hay que olvidar que el Puerto de Bilbao, el cual se situaba junto a la iglesia de San Antón, fue el puerto pesquero de referencia de toda la zona norte.

Ella, por su parte, recuerda a las cargueras que, en condiciones deplorables, realizaban un duro trabajo de carga y descarga de todo el material marítimo. Se dividían en tres grupos: las encargadas de llevar el dinero de las transacciones comerciales, las que se dedicaban al transporte del bacalao y, por último, las que se afanaban de la carga de mineral y arena. La figura recoge la pose usual de este oficio: mano a la cintura y cargada con una cesta.

EL MARINO

Constructores: Vicente Luna (Valencia) y José Ignacio Urbieta (Deba)
Año de construcción: 1991
Peso: 50,60 kg. **Altura**: 3,64 m

LA CARGUERA

Constructores: Vicente Luna (Valencia) y José Ignacio Urbieta (Deba)
Año de construcción: 1991
Peso: 56,30 kg. **Altura**: 3,60 m

Zumalakarregi e Isabel II

La clásica dualidad tradicionalista-liberal que ha caracterizado a los bilbainos durante años es representada en las figuras de Tomás de Zumalakarregi e Isabel II. Él nace en Ormaiztegi (Gipuzkoa) en 1788. Tras el fallecimiento de Fernando VII en 1833, Zumalakarregi se une a la causa del pretendiente Carlos María Isidro de Borbón organizando el ejército carlista del Norte. El 13 de junio de 1835 Tomás de Zumalakarregi llega a Bilbao con el objetivo de preparar el asedio. Dos días más tarde, una bala le hiere en la pierna derecha, siendo trasladado por cuarenta granaderos a la localidad gipuzkoana de Zegama, donde se hospeda en casa de una prima. Fallece el 24 de junio a consecuencia de la infección de la herida[117].

Ella, por su parte, es reina de España entre 1833 y 1868. Su reinado está dominado por las intrigas que precedieron a su coronación, como consecuencia de su corta edad para acceder en efecto al trono y por los reiterados enfrentamientos políticos hasta que la reina toma la decisión de abdicar a favor de su hijo Alfonso XII y exiliarse a París, donde fallece el 9 de abril de 1904 a los 73 años de edad[118].

En 2017, de nuevo de la mano de Beatriz Valdivieso se sustituye la indumentaria de Isabel II por un modelo más típico que se puede encontrar en diversas fotografías de la reina. Asimismo, en 2020 se renueva el vestuario del general carlista, pasando a lucir los conocidos tonos azul marino y rojo que le caracterizan en diversos lienzos.

· · · · · · · · ·

117. ÁLVAREZ, Francisco Javier: *Pregón siglo XXI*. 2019, nº 53 (págs. 76-79).
118. BURDIEL, Isabel: *Isabel II: una biografía (1830-1904)*. Taurus, 2011.

ZUMALAKARREGI

Constructores: Vicente Luna (Valencia) y José Ignacio Urbieta (Deba)
Año de construcción: 1990
Peso: 56,40 kg. **Altura**: 3,63 m

ISABEL II

Constructores: Vicente Luna (Valencia) y José Ignacio Urbieta (Deba)
Año de construcción: 1989
Peso: 57,20 kg. **Altura**: 3,77 m

Pitxitxi y Lina

Realizados en 1998 como regalo de la Konpartsa Moskotarrak con motivo del centenario del Athletic Club y basándose en el cuadro de Aurelio Arteta *Idilio en los campos de sport*, nacen los nuevos personajes de la comitiva: Pitxitxi y Lina.

El primero, Rafael Moreno Aranzadi, más conocido como *Pitxitxi* (su hermano Raimundo le puso el apodo debido a su baja estatura y su habilidad para jugar al fútbol), jugador de fútbol que desarrolla toda su carrera como futbolista en el Athletic Club. Destacado goleador, de hecho, fue el primer futbolista en marcar gol en San Mamés en 1913. Fallece el 1 de marzo de 1922 debido, supuestamente, a ingerir unas ostras en mal estado. El premio que se otorga al máximo goleador de la liga española de fútbol cada temporada lleva su apodo. Además, cada vez que un equipo pisa por primera vez el estadio de San Mamés es tradición dejar un ramo de flores en su busto.

Su esposa, Avelina Rodriguez Miguel *Lina*, fue sobrina de Merodio, el chatarrero más importante que ha tenido Bilbao. Casados en 1919, es madre de una niña: Isabel.

La pareja de gigantes hace su presentación el 28 de julio de 1998, en el palacio de Ibaigane, sede del Athletic Club.

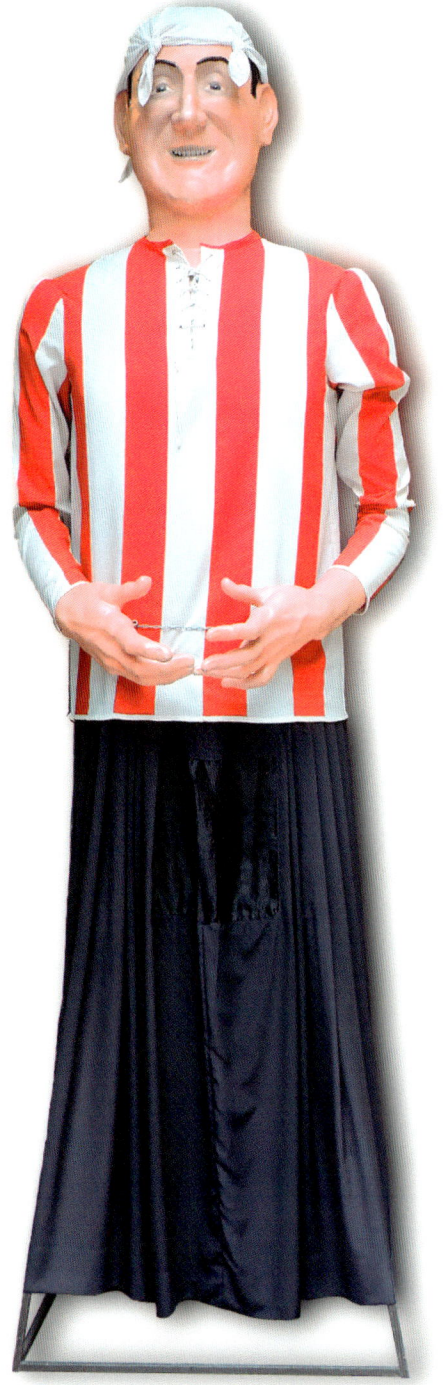

PITXITXI

Constructor: Loitz Artesanía Cerámica (Deusto, Bilbao)
Fecha de presentación: 28 de julio de 1998
Peso: 43,20 kg. **Altura**: 3,50 m

LINA

Constructor: Loitz Artesanía Cerámica (Deusto, Bilbao)
Fecha de presentación: 28 de julio de 1998
Peso: 40,50 kg. **Altura**: 3,50 m

LEHENDAKARI AGUIRRE

Constructor: Toño Valdivieso (Bilbao)
Fecha de presentación: 28 de agosto de 2016

TXOMIN BARULLO

Constructores: miembros de la comparsa
Fecha de presentación: 20 de agosto de 2016

MARIJAIA

Constructora: Mari Puri Herrero
Año de construcción: anualmente

Cabezudos

A los siete cabezudos de la generación anterior se unen, con el paso de los años, nuevos personajes al conjunto de estos célebres acompañantes de los gigantes.

León del Athletic Club

Partiendo de la iniciativa de la Konpartsa Moskotarrak con motivo del 700º aniversario de la Villa de Bilbao, en el año 2000 se presenta en sociedad este nuevo cabezudo: el león del Athletic.

Se opta, en un principio, por representar a algún jugador legendario del Athletic Club, pero, para evitar posibles conflictos que pudiese generar la elección, se decide recrear el clásico León Athleticzale, distintivo de la garra que ha caracterizado a los jugadores del club bilbaino durante toda su historia y parte de la leyenda que ha acompañado a San Mamés, al cual le echaron a los leones para que le devorasen, y, sin embargo, estos fueron amansados por Mamés, postrándose a sus pies.

El coste del personaje es de 300 000 pesetas, sufragados por la propia comparsa, y la elaboración corre a cargo de Conchi Maoño, Ángela Azcona y Álex González (Taller Loitz Artesanía Cerámica).

Don Celes

En el año 2006, nuevamente por iniciativa de la Konpartsa Moskotarrak y financiado por el periódico *El Correo*, se presenta el cabezudo de la conocida viñeta don Celes, en conmemoración de su 60º cumpleaños. El inicio de este personaje se da en la ya desaparecida *La Gaceta del Norte*, en 1946, donde a Luis del Olmo, su autor, se le solicita crear una tira cómica del estilo de las publicadas en esos años en Estados Unidos. Así, desde 1969 pasa a publicarse diariamente en la contraportada del periódico *El Correo Español - El Pueblo Vasco*. El nombre del personaje fue idea de Aureliano López Becerra, por aquel entonces director de *La Gaceta del Norte*.

La creación de la figura vuelve a estar a cargo del Taller Loitz Artesanía Cerámica y es supervisada en todo momento por el creador del personaje, Luis del Olmo.

Escudo de Bilbao

En 2012, Bilboko Konpartsak presenta el cabezudo del escudo de Bilbao como homenaje al ilustrador Juan Carlos Eguillor (San Sebastián, 1947 - Madrid, 2011), autor del primer cartel de Aste Nagusia en el año 1978. El diseño del cabezudo no resulta el adecuado, ya que, al no tener boca, la visibilidad desde dentro de la figura resulta ser mínima. Por tanto, su presencia ha sido bastante escasa.

LEÓN DEL ATHLETIC CLUB

Constructor: Loitz Artesanía Cerámica (Deusto, Bilbao)
Fecha de presentación: 20 de agosto de 2000

DON CELES

Constructor: Loitz Artesanía Cerámica (Deusto, Bilbao)
Fecha de presentación: 16 de agosto de 2006

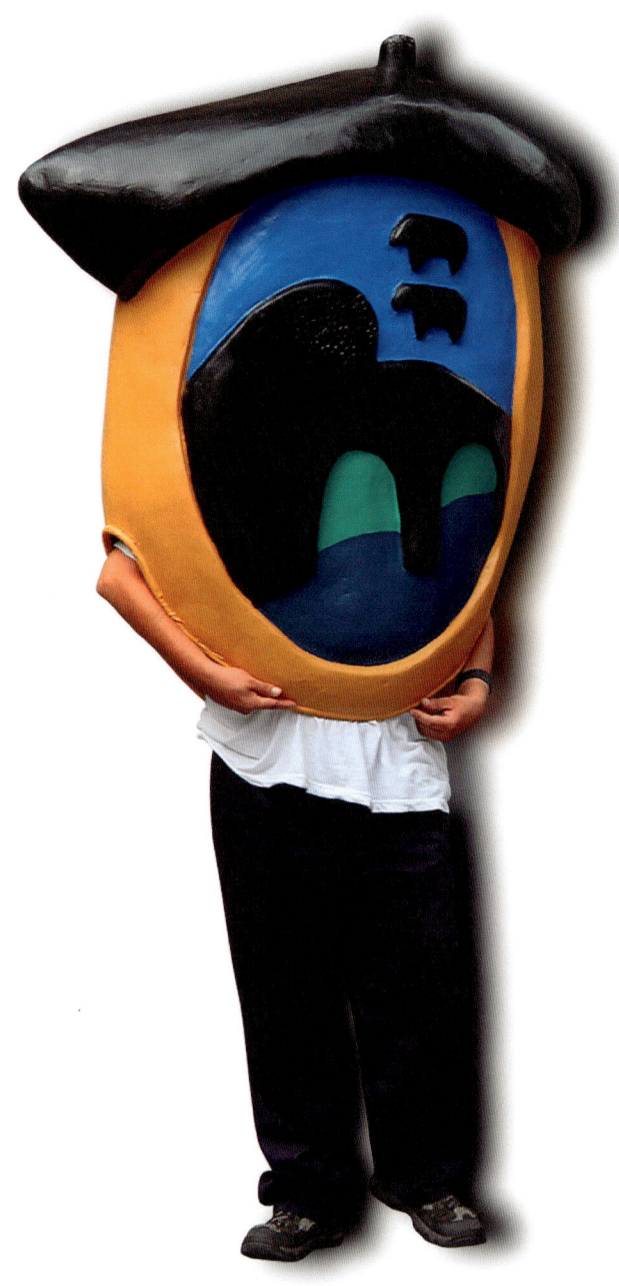

ESCUDO DE BILBAO

Año de construcción: 2012

Autores

Vicente Luna Cerveró

Nace en Valencia el 22 de julio de 1925 en el barrio de Sant Bult. En 1951, habiendo aprendido de la mano de Carles Tarazona y Vicent Hurtado en el taller de fallas, tallas y decoración, y tras completar sus estudios simultáneamente en la Escuela de Artes y Oficios Artísticos de San Carlos, se pone a trabajar por su cuenta[119].

En su historial acumula varios premios, además de numerosas menciones con respecto a las obras presentadas en las fallas. En 2005 recibe en manos del Gobierno Valenciano la Distinción de la Generalitat al Mérito Cultural[120]. Fallece el 9 de octubre de 2021 a los 97 años.

José Ignacio Urbieta

Urbieta nace en Deba (Gipuzkoa) el 24 de diciembre de 1915. En su juventud se caracteriza por su desempeño en el fútbol donde juega en equipos como la Real Sociedad, el Osasuna o el Alavés. Años más tarde destaca como entrenador de la Real Sociedad, Murcia o Las Palmas, entre otros. En la década de los 80 se inicia en el mundo de los gigantes, realizando dicha tarea hasta mediados de los años 90. Fallece el 17 de mayo de 1999 en su localidad natal.

Loitz Artesanía Cerámica

Taller de artesanía cerámica ubicado en el barrio bilbaino de Deusto cuyo propietario es Álex González, que cuenta con más de cuarenta años de experiencia en la alfarería tradicional. A pesar de centrarse en piezas de barro y cerámica, de su taller salen las figuras de Pitxitxi y Lina, así como los cabezudos del León del Athletic Club y don Celes. En su construcción colaboran otros artesanos como Conchi Maoño, Estibaliz Berria, Ángela Azkona, Marisa Maoño, David Fernández y Manolo Manea.

Antonio Valdivieso Peña *Toño*

Licenciado en Bellas Artes, es la persona encargada desde hace más de veinte años del transporte y mantenimiento de las figuras festivas del Ayuntamiento de Bilbao (gigantes, cabezudos, Gargantúas y Marijaia).

119. SORIANO, Lola: *Las Provincias*. 2015. *https://150valencianos.lasprovincias.es/vicente-luna/?ref=https%3A%2F%2Fwww.google.com*.
120. LUNA, Vicente: *Vicente Luna Valencia, artista fallero*. *http://www.vicentelunavalencia.com/portfolio/fallas-de-vicente-luna-cervero/*.

Concentraciones de gigantes y cabezudos

Hasta el año 1990, los gigantes y cabezudos se limitan, durante Aste Nagusia, a sus pasacalles mañaneros partiendo de la parte trasera de la catedral de Santiago. Fue entonces cuando, de la mano de Bilboko Gaiteroak Dultzineruak (asociación cultural creada en 1987 con el fin de revitalizar la presencia de la gaita navarra en Bizkaia) se organiza la primera concentración de gigantes y cabezudos de las fiestas de Bilbao. El objetivo no es otro que impulsar la presencia de estas figuras en Bizkaia tal y como sucede en otras poblaciones, especialmente en Navarra.

En 1993, Mairuek Bilboko Erraldoien Konpartsa junto con Bilboko Gaiteroak son los encargados de organizar la concentración, pasando en 1996 a manos de Ondalan Erraldoien Konpartsa en colaboración con Betiko Bizkaiko Gaiteroak. La idea original de concentrar a comparsas de gigantes de las siete provincias de Euskal Herria se ha mantenido hasta la actualidad, con la salvedad de la comparsa de gigantes de Tauste (Aragón), que acude a la concentración durante unos años.

A continuación, se detallan los asistentes a cada concentración de gigantes de Bilbao, desde el inicio hasta 2024, recogiendo entre paréntesis el número de gigantes participantes de cada localidad.

Primera concentración de gigantes en Aste Nagusia, año 1990. *ARCHIVO MUNICIPAL DE BILBAO. Fondo: Ayuntamiento de Bilbao. Autor: desconocido. 01_009442_F-000075-002.*

Aste Nagusia

I Concentración Aste Nagusia (1990)
Bizkaia: Erandio (2), Bilbao (6)
Gipuzkoa: Arrasate (4)
Nafarroa: Puente la Reina (2), Uharte Arakil (4)
Araba: Agurain (2)
Iparralde: Kanbo (4)
Gigantes participantes: 24

II Concentración Aste Nagusia (1991)
Bizkaia: Erandio (2), Bilbao (8)
Gipuzkoa: Arrasate (4)
Nafarroa: Sangüesa (4), Otsagabia (4), Elizondo (2)
Araba: Agurain (2)
Iparralde: Kanbo (4)
Gigantes participantes: 30

III Concentración Aste Nagusia (1992)
Bizkaia: Bilbao (8)
Nafarroa: Sangüesa (4), Txantrea (4), Txantrea txiki (4), Aoiz (4), Lumbier (4), Elizondo (2)
Iparralde: Kanbo (4)
Gigantes participantes: 34

IV Concentración Aste Nagusia (1993)
Bizkaia: Erandio (2), Mairuek (4), Bilbao (12), Orduña (2)
Gipuzkoa: Arrasate (4)
Nafarroa: Sangüesa (4), Txantrea (4)
Gigantes participantes: 32

V Concentración Aste Nagusia (1994)
Bizkaia: Mairuek (4), Bilbao (10)
Gipuzkoa: Arrasate (4)
Nafarroa: Sanduzelai (4), Txantrea (4), Sangüesa (4)
Iparralde: Kanbo (4)
Gigantes participantes: 34

VI Concentración Aste Nagusia (1995)
Bizkaia: Erandio (4), Mairuek (4), Bilbao (12)
Gipuzkoa: Arrasate (4)
Nafarroa: Sangüesa (4), Sanduzelai (4), Artajona (2)
Gigantes participantes: 34

VII Concentración Aste Nagusia (1996)
Bizkaia: Mairuek (4), Ondalan (4), Bilbao (10)
Gipuzkoa: Arrasate (4)
Nafarroa: Sangüesa (4), Sanduzelai (4), Txantrea (4)
Gigantes participantes: 34

VIII Concentración Aste Nagusia (1997)
Bizkaia: Erandio (4), Mairuek (4), Ondalan (4), Markina (2), Amorebieta (2), Bilbao (8)
Gipuzkoa: Arrasate (4)
Nafarroa: Sangüesa (4), Sanduzelai (4)
Gigantes participantes: 36

Participantes de la concentración de Aste Nagusia 1993 en la plazuela de Santiago. *ARCHIVO MUNICIPAL DE BILBAO. Fondo: Ayuntamiento de Bilbao. Autor: desconocido. 01_013894_F-000079-001.*

IX Concentración Aste Nagusia (1998)

Bizkaia: Erandio (4), Mairuek (4), Ondalan (4), Barakaldo (4), Santurtzi (2), Bilbao (12)

Gipuzkoa: Arrasate (2)

Nafarroa: Sangüesa (4)

Araba: Legutiano (2)

Iparralde: Kanbo (4)

Gigantes participantes: 42

X Concentración Aste Nagusia (1999)

Bizkaia: Mairuek (4), Ondalan (4), Ondalan txiki (4), Barakaldo (4), Bilbao (14)

Gipuzkoa: Arrasate (2)

Nafarroa: Sangüesa (4), Sanduzelai (4)

Araba: Legutiano (2)

Iparralde: Kanbo (4)

Gigantes participantes: 46

XI Concentración Aste Nagusia (2000)

Bizkaia: Mairuek (4), Ondalan (4), Ondalan txiki (2), Barakaldo (4), Bilbao (12)

Gipuzkoa: Arrasate (4)

Nafarroa: Sanduzelai (4), Txantrea (4)

Araba: Legutiano (2)

Iparralde: Kanbo (4)

Gigantes participantes: 44

XII Concentración Aste Nagusia (2001)

Bizkaia: Mairuek (4), Ondalan (4), Ondalan txiki (2), Barakaldo (4), Santurtzi (2), Bilbao (8)

Gipuzkoa: Arrasate (4)

Nafarroa: Sanduzelai (4)

Araba: Legutiano (2)

Iparralde: Kanbo (4)

Gigantes participantes: 38

Gigantes participantes en la concentración de 1997 en el Arenal. *ARCHIVO MUNICIPAL DE BILBAO. Fondo: Ayuntamiento de Bilbao. Autor: desconocido. 01_013913_F-000086-010.*

XIII Concentración Aste Nagusia (2002)
Suspendida por la lluvia.

XIV Concentración Aste Nagusia (2003)
Bizkaia: Mairuek (4), Ondalan (4), Basurto (4), Barakaldo (4), Orduña (2), Bilbao (8)
Nafarroa: Sanduzelai (4), Buñuel (4)
Iparralde: Kanbo (4)
Gigantes participantes: 38

XV Concentración Aste Nagusia (2004)
Bizkaia: Mairuek (4), Ondalan (4), Ondalan Mamutxak (2), Basurto (4), Orduña (2), Areatza (2), Bilbao (8)
Gipuzkoa: Arrasate (2)
Nafarroa: Sanduzelai (4), Casco Viejo de Pamplona (4)
Iparralde: Kanbo (4)
Gigantes participantes: 40

XVI Concentración Aste Nagusia (2005)
Bizkaia: Mairuek (4), Ondalan (4), Ondalan txiki (2), Bilbao (8)
Gipuzkoa: Arrasate (4)
Nafarroa: Sanduzelai (4), Buñuel (4), Casco Viejo de Pamplona (4)
Araba: Amurrio (2)
Iparralde: Kanbo (4)
Gigantes participantes: 40

XVII Concentración Aste Nagusia (2006)
Bizkaia: Mairuek (4), Ondalan (4), Bermeo (4), Bilbao (8)
Gipuzkoa: Arrasate (2), Irrintzi Donostia (2)
Nafarroa: Sanduzelai (4), Perrinche Tudela (4)
Araba: Amurrio (2)
Iparralde: Kanbo (4)
Aragón: Tauste (4)
Gigantes participantes: 42

XVIII Concentración Aste Nagusia (2007)
Bizkaia: Mairuek (4), Ondalan (4), Ondalan txiki (2), Bermeo (4), Getxo (4), Bilbao (8)
Gipuzkoa: Irrintzi Donostia (2)
Nafarroa: Sanduzelai (4)
Araba: Amurrio (2)
Iparralde: Kanbo (4)
Aragón: Tauste (4)
Gigantes participantes: 42

XIX Concentración Aste Nagusia (2008)
Bizkaia: Mairuek (4), Ondalan (4), Ondalan txiki (2), Bermeo (4), Bilbao (8)
Gipuzkoa: Irrintzi Donostia (2), Gros Donostia (2)
Nafarroa: Sanduzelai (4), Txantrea (4), Perrinche Tudela (8)
Araba: Amurrio (2)
Gigantes participantes: 42

XX Concentración Aste Nagusia (2009)
Bizkaia: Mairuek (4), Ondalan (4), Ondalan txiki (4), Ondalan txikiena (2), Orduña (2), Bilbao (8)
Gipuzkoa: Irrintzi Donostia (2), Gros Donostia (2), Añorga (2)
Nafarroa: Txantrea (4), Noain (4)
Iparralde: Kanbo (4)
Aragón: Tauste (4)
Gigantes participantes: 46

XXI Concentración Aste Nagusia (2010)
Bizkaia: Mairuek (4), Ondalan (4), Ondalan txiki (4), Ondalan txikiena (2), Bermeo (4), Bilbao (4)
Gipuzkoa: Irrintzi Donostia (2), Gros Donostia (2)
Nafarroa: Perrinche Tudela (8)
Iparralde: Baigorri (4), Kanbo (4)
Gigantes participantes: 42

Concentración de Aste Nagusia del año 2000. *Autor: Javi Santamaria.*

XXII Concentración Aste Nagusia (2011)
Bizkaia: Mairuek (4), Ondalan (4), Ondalan txiki (4), Ondalan txikiena (2), Ondalan Mamutxak (2), Bermeo (4), Getxo (4), Bilbao (6)
Gipuzkoa: Irrintzi Donostia (2), Gros Donostia (2)
Nafarroa: Sanduzelai (4)
Iparralde: Kanbo (4)
Gigantes participantes: 42

XXIII Concentración Aste Nagusia (2012)
Bizkaia: Mairuek (4), Ondalan (4), Ondalan txiki (4), Ondalan txikiena (2), Ondalan Mamutxak (2), Bermeo (4), Bilbao (6)
Gipuzkoa: Irrintzi Donostia (2), Gros Donostia (2)
Nafarroa: Elizondo (4)
Iparralde: Baigorri (4), Kanbo (4)
Gigantes participantes: 42

XXIV Concentración Aste Nagusia (2013)
Bizkaia: Mairuek (4), Ondalan (4), Ondalan txiki (4), Ondalan txikiena (2), Ondalan Mamutxak (2), Bermeo (4), Bilbao (8)
Gipuzkoa: Irrintzi Donostia (3), Bergara (4)
Nafarroa: Sanduzelai (4)
Iparralde: Kanbo (4)
Gigantes participantes: 43

XXV Concentración Aste Nagusia (2014)
Bizkaia: Mairuek (4), Ondalan (4), Ondalan txiki (4), Ondalan txikiena (2), Ondalan Mamutxak (2), Bilbao (8)
Gipuzkoa: Irrintzi Donostia (3), Bergara (4), Arrasate (4)
Nafarroa: Sanduzelai (4)
Iparralde: Kanbo (4)
Gigantes participantes: 43

XXVI Concentración Aste Nagusia (2015)
Bizkaia: Mairuek (4), Ondalan (4), Ondalan txiki (4) Ondalan txikiena (4), Ondalan Mamutxak (2), Bermeo (4), Bilbao (8)
Gipuzkoa: Irrintzi Donostia (3), Arrasate (4)
Nafarroa: Sanduzelai (4)
Iparralde: Kanbo (4)
Gigantes participantes: 45

XXVII Concentración Aste Nagusia (2016)
Bizkaia: Ondalan (4), Ondalan txiki (4), Ondalan txikiena (4), Ondalan Mamutxak (2), Bermeo (4), Txomin Barullo Konpartsa (1), Bilbao (8)
Gipuzkoa: Irrintzi Donostia (3)
Nafarroa: Sanduzelai (4), Txantrea (4)
Iparralde: Kanbo (4)
Gigantes participantes: 42

XXVIII Concentración Aste Nagusia (2017)
Bizkaia: Mairuek (4), Ondalan (4), Ondalan txiki (4), Ondalan txikiena (4), Ondalan Mamutxak (2), Bilbao (8)
Gipuzkoa: Irrintzi Donostia (3), Arrasate (4)
Nafarroa: Sanduzelai (4)
Iparralde: Kanbo (4)
Gigantes participantes: 41

XXIX Concentración Aste Nagusia (2018)
Bizkaia: Mairuek (4), Ondalan (4), Ondalan txiki (4), Ondalan txikiena (4), Ondalan Mamutxak (4), Bilbao (6)
Gipuzkoa: Irrintzi Donostia (3)
Nafarroa: Sanduzelai (4)
Iparralde: Kanbo (4)
Gigantes participantes: 37

XXX Concentración Aste Nagusia (2019)
Bizkaia: Mairuek (4), Ondalan (4), Ondalan txiki (4), Ondalan txikiena (4), Ondalan Mamutxak (4), Basurto (4), Bilbao (8)
Gipuzkoa: Bergara (4), Bergara txiki (3)
Gigantes participantes: 39

Concentración Aste Nagusia (2020)
Suspendida por el COVID-19.

Concentración Aste Nagusia (2021)
Suspendida por el COVID-19.

XXXI Concentración Aste Nagusia (2022)
Bizkaia: Mairuek (4), Ondalan (4), Ondalan txiki (4), Ondalan txikiena (6), Ondalan Mamutxak (4), Bilbao (6)
Gipuzkoa: Bergara (4), Bergara txiki (6), Arrasate (4)
Nafarroa: Sanduzelai (4)
Iparralde: Kanbo (4)
Gigantes participantes: 50

XXXII Concentración Aste Nagusia (2023)
Bizkaia: Mairuek (4), Ondalan (4), Ondalan txiki (4), Ondalan txikiena (6), Ondalan Mamutxak (4), Bermeo (4), Bilbao (8)
Gipuzkoa: Bergara (6), Bergara txiki (6), Antiguo Donostia (2)
Iparralde: Kanbo (4)
Gigantes participantes: 52

XXXIII Concentración Aste Nagusia (2024)
Bizkaia: Mairuek (4), Ondalan (4), Ondalan txiki (4) Ondalan txikiena (6), Ondalan Mamutxak (4), Bermeo (4), Bilbao (8)
Gipuzkoa: Irrintzi Donostia (3), Arrasate (4)
Nafarroa: Sanduzelai (4)
Iparralde: Kanbo (2)
Gigantes participantes: 47

Otras concentraciones de altura

Más allá de Aste Nagusia, las concentraciones de gigantes y cabezudos han estado presentes en la Villa a lo largo de los años, iniciándose a principios del siglo XX y centrándose, generalmente, en presentaciones de nuevos gigantes o de festejos especiales. A continuación, se enumeran las concentraciones en las que han estado presentes los gigantes o cabezudos del Ayuntamiento de Bilbao, por lo que el número de las mismas organizadas en la Villa no se reduce a las recogidas en esta sección. Así, en Deusto, Ondalan Erraldoien Konpartsa organiza anualmente varias concentraciones, Mairuek Gaztediko Erraldoiak hace lo propio en el barrio de Santutxu y, durante años, también se ha celebrado la extinta Bilboko Erraldoiketa por la que pasan varias comparsas de Bizkaia.

Concentración de todas las figuras festivas en el chupinazo de Aste Nagusia 2001. *ARCHIVO MUNICIPAL DE BILBAO. Fondo: Ayuntamiento de Bilbao. Autor: desconocido. 01_013954_F-000091-008.*

Destaca el hecho del año 2000, con motivo del 700º aniversario de la Villa de Bilbao, cuando se plantea la idea de reunir a setecientos gigantes, lo que supondría un récord mundial, siendo la Feria de Muestras el lugar de descanso tanto para las figuras como para porteadores y músicos. Finalmente, la idea es desechada.

Inauguración de los gigantes en 1934

El 18 de agosto de 1934, aprovechando el estreno de las nuevas figuras de Bilbao (gigantes, cabezudos y Gargantúa), se organiza, de la mano de Radio Bilbao, la primera concentración de gigantes de la que se tiene constancia en la Villa. Tal y como indican los programas de la época, el espectacular desfile (además de los gigantes y cabezudos participan unas veinte carrozas procedentes de los pueblos adyacentes, así como txistularis y bandas de música) parte del ayuntamiento a las cinco de la tarde, finalizando en la Santa Casa de Misericordia.

Acuden a la cita una pareja de gigantes pamploneses (los Reyes Europeos), otra de Vitoria (el mozo y la moza), la pareja de gigantes de Llodio (don Terencio y doña Tomasa) y, por último, otra pareja de Logroño (los riojanos), además de los recién estrenados gigantes de Bilbao.

Esta fotografía, mal fechada en diversas publicaciones, corresponde a la primera concentración de gigantes registrada en Bilbao, en 1934. *Archivo Foral de Bizkaia - Bizkaiko Foru Agiritegia. AL0017-0685.*

Gigantes bilbainos y foráneos esperan el inicio del desfile en 1934. *Archivo Foral de Bizkaia - Bizkaiko Foru Agiritegia. AL0017_0686.*

De espaldas a la fotografía y de izquierda a derecha: pareja de gigantes de Logroño, de Sestao, de Amorebieta y de Alicante en 1962. *ARCHIVO MUNICIPAL DE BILBAO. Fondo: Ayuntamiento de Bilbao. Boletín Estadístico de la Villa, tercer trimestre (1962).*

Gigantes de Logroño, Sestao y Amorebieta dan inicio al desfile. *ARCHIVO MUNICIPAL DE BILBAO. Fondo: La Gaceta del Norte. Autor: Manu Cecilio. 0301_004201_F-000255-006.*

Inauguración de los gigantes en 1962

Radio Bilbao vuelve a tomar la iniciativa y recupera la presencia de gigantes y cabezudos en Bilbao, desaparecidos desde 1951. Tras realizar las figuras mediante suscripción popular, la emisora bilbaina diseña un programa de presentación de la nueva corte de figuras, siendo la concentración de gigantes uno de los mayores atractivos. En un primer momento, se contacta con los Ayuntamientos de Santander, Zamora, Sevilla, Alicante, Barcelona, Donostia, Valladolid, Gijón, Salamanca, Granada, Valencia, Logroño, Vitoria, Madrid, A Coruña, Badajoz, Murcia, Zaragoza, Pamplona y León, así como con otras localidades de Bizkaia[121]. Cada localidad debía ceder una pareja de gigantes que esperarían frente al Consistorio bilbaino a la llegada de los nuevos gigantes, cabezudos y Gargantúa de Bilbao.

Pese a las numerosas invitaciones, únicamente acuden a la cita los gigantes de Logroño, Alicante, Amorebieta y Sestao quienes, en aquella calurosa mañana (los termómetros marcaron hasta 41 grados centígrados) del 16 de agosto de 1962, parten desde el ayuntamiento hasta la Santa Casa de Misericordia, donde finaliza el acto.

· · · · · · · · ·

121. Archivo personal Eduardo Ruiz de Velasco. *Proyecto de Julián del Valle*. 1962.

Inauguración de los gigantes en 1980

De nuevo, con motivo del estreno de una nueva generación de gigantes se organiza un programa de actos como recibimiento a las nuevas figuras. Bajo la denominación *I Encuentro de gigantes y cabezudos*, el 24 de febrero de 1980, domingo de piñata, se organizan una serie de actos entre los que destacan el acompañamiento de la banda municipal a los nuevos gigantes, así como al Gargantúa, o la intervención de la Orquesta Sinfónica de Bilbao, finalizando el espectáculo con un acto de entrega oficial de los gigantes al Ayuntamiento.

Por problemas de organización, ninguno de los actos programados se lleva a cabo, y, a pesar de haber enviado invitaciones a una veintena de localidades, tan solo participan las comparsas de Tolosa y Tudela. Los gigantes de Estella-Lizarra habían confirmado su presencia, pero, finalmente, por problemas logísticos, no acuden a la cita.

Konpartsero Eguna

Desde 1996 hasta 1999 se celebra una concentración de gigantes en el denominado *Konpartsero Eguna* o día del comparsero. Después de varios años en los que la celebración de las comparsas se limita a celebrar una comida popular en la plaza de toros, el 15 de agosto de 1996, como novedad, se opta por celebrar la fiesta en el casco viejo bilbaino. Esta primera edición del *Konpartsero Eguna* cuenta con la presencia de Mairuek Bilboko Erraldoien Konpartsa, Ondalan Erraldoien Konpartsa y cuatro gigantes del Ayuntamiento (la pareja de aldeanos, el inglés e Isabel II) haciendo un total de doce gigantes que parten, junto con el Gargantúa, de la plaza del Gas a las 11:45, para finalizar, con un vals conjunto, a las 14:00 en la plaza Nueva. Ante el escaso público de la edición anterior, en 1997 se adelanta la fecha a la festividad de San Ignacio, 31 de julio. Como novedades se cuenta con un mayor número de participantes, así como de gigantes. El programa cuenta con la presencia de los gigantes de Amorebieta, Santurtzi, Mairuek Bilboko Erraldoien Konpartsa, Ondalan Erraldoien Konpartsa, Erandioko Gautxoriak y de la comparsa de Abarzuza (Navarra), haciendo un total de dieciocho gigantes, diez cabezudos y el Gargantúa. Por desavenencias entre los porteadores y el Ayuntamiento, los gigantes municipales no salen, aunque sí los cabezudos. El pasacalle da inicio, de nuevo, en la plaza del Gas, finalizando esta vez el recorrido en la plaza de toros de Vista Alegre.

La tercera edición del *Konpartsero Eguna* de 1998 es la que mayor número de gigantes concentra, un total de veintiocho, todos ellos procedentes de diferentes municipios de Bizkaia. La comitiva de los gigantes procedentes de Erandio, Barakaldo, Santurtzi, Markina-Xemein, Amorebieta, Areatza, Ondalan Erraldoien Konpartsa y ocho gigantes del Ayuntamiento de Bilbao, con el primer pasacalles de la pareja *Pitxitxi* y *Lina*, inicia su pasacalles desde la plaza del Gas a las 11:00, esta vez sin la presencia del Gargantúa, ya que el tráfico provocado por obras impide su aparición. En 1999 se celebra la última concentración en este festejo, en el que participan los gigantes de Mairuek Bilboko Erraldoien Konpartsa, Erandioko Gautxoriak y los gigantes del grupo de danzas Laguntasuna de Barakaldo. Fallan, a última hora, la pareja de gigantes de Santurtzi, el arrantzale y la sardinera. La fiesta como tal se ha seguido celebrando, con mayor o menor presencia de figuras, siempre reducida a una comparsa de gigantes.

Txupin Aste Nagusia

En 2001, después de varios años dando comienzo a Aste Nagusia desde el ayuntamiento o desde la plaza Nueva y con la finalización de las obras de la fachada, se retoma el lanzamiento del txupin desde el balcón del Teatro Arriaga. Aprovechando este hecho, se reúnen prácticamente todas las figuras festivas que posee la Villa de Bilbao, véase: dos Gargantúas, los cabezudos y zaldikos de las comparsas de Mairuek y Ondalan, y un total de cuarenta gigantes: las veinticuatro figuras del Ayuntamiento (recuperando del olvido la generación de 1980), los cuatro gigantes de Mairuek Bilboko Erraldoien Konpartsa, ocho de Ondalan Erraldoien Konpartsa y los recién estrenados cuatro gigantes del grupo de danzas Beti Jai Alai de Basurto.

Aunque con menor número de figuras que en el año anterior, en 2002 se repite la escena. Sin embargo, como consecuencia del comportamiento incívico de algunas personas que lanzan huevos o harina a las figuras, se pone punto y final a esta concentración, celebrándose desde entonces el chupinazo desde el mismo Teatro Arriaga, pero sin la presencia de las figuras.

Otros gigantes en Bilbao

Durante siglos el Ayuntamiento bilbaino es el único que posee gigantes y cabezudos, no solamente en la capital vizcaina sino en toda la provincia. El hecho de ser de propiedad municipal dificulta la aparición de los mismos más allá de fiestas locales. Si a ello se le añade los nulos cuidados dispensados a las figuras, lo cual provoca rechazar salidas más allá de Bilbao al encontrarse los bultos en proceso de restauración o directamente inservibles, el resultado es una presencia escasa en las innumerables fiestas que anualmente se celebran.

Si bien es cierto que ya en la década de los 70 en algunas fiestas de barrios de Bilbao (como San Ignacio o Uribarri) se encuentran cabezudos, es a finales de la década de los años 80 cuando comienza a haber una mayor presencia de estas figuras en la Villa. Pedro Goiriena, por ejemplo, construye una serie de cabezudos para Basurto, aún conservados por el grupo de danzas Beti Jai Alai. En el barrio de Arangoiti, por su parte, una pareja de gigantes de construcción artesanal pasea en las fiestas de inicio de los años 90. Es entonces cuando en Bilbao comienzan a surgir comparsas independientes, siempre con la finalidad de expandir la cultura de gigantes y cabezudos, no solo a nivel bilbaino sino a cualquier rincón que los solicite, aportando así un gran impulso a la imaginería festiva.

Gigantes y cabezudos en los festejos celebrados en la Santa Casa de Misericordia en el año 1922. *Bilbao Gráfico, revista semanal ilustrada (12-08-1922).*

Cabezudos del barrio de Olabeaga en 2022. *Autores: Borja Romero y Aitor Santamaria.*

Beti Jai Alai Erraldoiak (Basurto)

En el año 2001 el grupo de danzas Beti Jai Alai Dantzari Taldea del barrio de Basurto recupera, de la mano de Kukubiltxo, cuatro personajes clásicos de varias de las generaciones de gigantes que ha conocido la Villa de Bilbao. Se trata de la pareja de reyes turcos y moros. Con menciones de su presencia en Bilbao desde el siglo XVII, la pareja de reyes moros hace su última aparición dentro de la generación de 1896. La pareja de turcos, por su parte, aguanta hasta la generación de 1934.

Mientras que Kukubiltxo basa la construcción de las figuras en las diversas fotografías de la época, Nati Ortiz de Zarate echa mano de la litografía de José Arrue del año 1900 donde se aprecia, con gran detalle, las vestimentas de aquella generación de 1896.

Su presentación en el chupinazo de inicio fiestas de Bilbao junto a don Terencio, doña Tomasa y la pareja de aldeanos (propiedad del Ayuntamiento) permitió poder volver a recordar el clásico estribillo:

«Ya viene la reina mora, cayéndosele la atorra
ya viene doña Tomasa, con el abanico a casa».

Los cuatro cabezudos del grupo de danzas Beti Jai Alai.

REYES TURCOS

Constructor: Kukubiltxo (Larrabetzu, Bizkaia)
Año de construcción: 2001

REYES MOROS

Constructor: Kukubiltxo (Larrabetzu, Bizkaia)
Año de construcción: 2001

Mairuek Gaztediko Erraldoiak (Santutxu)

La asociación Bilboko Gaiteroak Dultzineruak, constituida en 1987, plantea como objetivo la recuperación de la cultura popular destacando, principalmente, la gaita navarra y los gigantes y cabezudos. Tras años de intensa actividad, en 1993 y después de contactar con el grupo de teatro Kukubiltxo, proponen la creación de cuatro gigantes que representen al pueblo llano, descartando la figura de reyes típica de aquellos años. Abonando entre Bilboko Gaiteroak y la propia comparsa el coste total de las figuras (de un millón de pesetas), con vestimenta de Nati Ortiz de Zarate, hacen su presentación en sociedad el 15 de agosto de 1993 en plenas fiestas de Amurrio. Tienen la peculiaridad de ser los primeros gigantes creados por Kukubiltxo, además de ser los únicos en tener tanto la cara como las manos realizadas en látex.

Tras constituirse como asociación el 18 de febrero de 1994, Mairuek Bilboko Erraldoien Konpartsa se marca como propósito la recuperación de la imaginería festiva, ya que carecía de presencia por aquellos años. Se trata, igualmente, de la primera comparsa no municipal de Bilbao. La palabra "Mairuek" hace referencia a personajes mitológicos que levantaban grandes pesos y hacían dólmenes.

Con los años el número de personajes aumenta. En 1994 se une una pareja de zaldikos representando a un carlista y a un isabelino, recordando los combatientes en el sitio de Bilbao en la guerra carlista. Su coste fue de 530 000 pesetas. Dos años más tarde, en 1996, se une una pareja de cabezudos personificando al escritor Miguel de Unamuno y al cura Padre Arrupe, por un total de 400 000 pesetas. Todas las figuras vuelven a ser obra de Kukubiltxo.

Tras varios arreglos puntuales, en 2001 sufren una profunda renovación en las que son sustituidos los brazos de los cuatro gigantes, además de todo el vestuario, de nuevo obra de Nati Ortiz de Zarate.

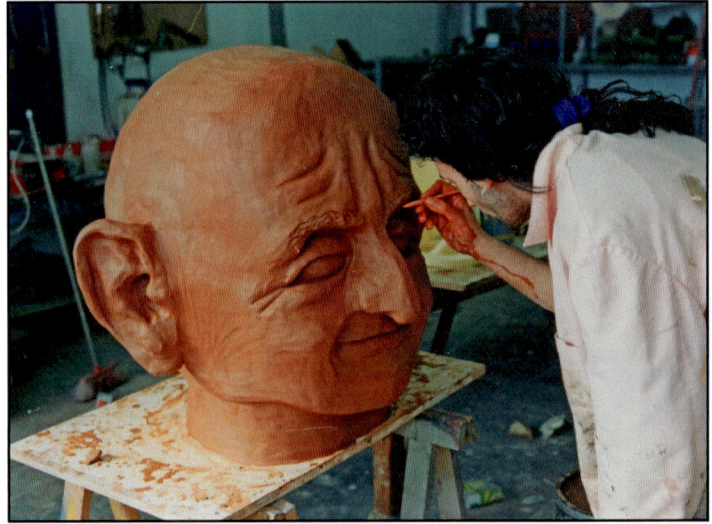

Aittitte Matsorri en construcción. *Fotografía cedida por Josu Cámara.*

Después de muchos años de actividad cumpliendo con creces el objetivo fijado inicialmente y ante la falta de relevo generacional, la comparsa decide ceder su actividad al grupo de danzas Gaztedi Dantzari Taldea, del barrio bilbaino de Santutxu. El hecho de haber mantenido una estrecha relación desde los inicios de la comparsa con el grupo de danzas, y aprovechando la ilusión de un grupo de jóvenes dispuestos a seguir con la actividad, se decide llevar a cabo la cesión de las figuras a Gaztedi.

El traspaso se produce el 10 de junio de 2017, aprovechando la recuperación de Herri Oboeak (festival creado en 2004 para dar a conocer diferentes instrumentos de doble caña). Para tal señalado día se decide dar un lavado de cara a las figuras, presentando así su nuevo aspecto en sociedad. Se modifica a su vez la denominación del grupo, que pasa a llamarse desde entonces Mairuek Gaztediko

Erraldoiak. A pesar de esta variación, no han cejado en su empeño de seguir impulsando la cultura de los gigantes y cabezudos en Bizkaia, donde destaca la concentración anual organizada en Santutxu dentro del programa folklórico Santutxu Kolorea.

Aittitte Matsorri

Aittitte Matsorri es la representación del aldeano de la república de Begoña. La denominación del personaje deriva del sobrenombre con el que eran conocidos los habitantes de Begoña: Matsorris (*Mahatserri*: lugar de viñedos).

Su aspecto recuerda al *aldeano xelebre*, personaje presente en varias generaciones de gigantes en Bilbao desde su primera aparición en 1896.

Areatzako Jostune

Es la imagen de las costureras o modistillas bilbainas que trabajaban en el Arenal de la Villa, queriendo ensalzar su labor. Emiliano de Arriaga, en su libro *Vuelos cortos de un Chimbo* termina así el ensayo sobre las costureras de Bilbao:

«(...) es que no hay en el mundo entero chicas que puedan igualarse a nuestras costurerillas en arte, ni en garbo, ni en chic...»[122].

Kargerue

Es la figura de las cargueras trabajadoras de los muelles que ocupaban gran parte de las márgenes de la Villa, generalmente colocadas en las cercanías de la plaza del Mercado. Su labor se fundamentaba, principalmente, en la descarga de la mercancía de las embarcaciones allí varadas.

En el libro *Vuelos cortos de un Chimbo*, nuevamente Emiliano de Arriaga hace referencia a la apariencia de estas trabajadoras, donde destaca el pañuelo que portan en la cabeza, así como la cesta que llevan en el brazo[123].

Gigantes con la antigua indumentaria en 1994. *Archivo Mairuek Gaztediko Erraldoiak.*

Angulerue

Angulerue es el fiel compañero de la carguera. Representa al trabajador incansable que se dedicaba a la pesca de la extinta angula en la Ría de Bilbao. Se dice que estos personajes alumbraban la ría con el candil y que siempre iban cedazo en mano.

Emiliano de Arriaga narra, en su ensayo, la costumbre de los Anguleros por cantar en las noches de pesca, además de beber, ya que el oficio requería paciencia. Asimismo, recoge la melodía (él la denota *melonoche*) que estos personajes entonaban en las aguas bilbainas:

«Chir chir chir, chir chir chir
Las angulas al cedazo, han de venir.
¡Con su linterna, con su farol...!
Anguleros anguleros tengáis valor!»[124]

• • • • • • • •

122. DE ARRIAGA, Emiliano: *Vuelos cortos de un Chimbo*. Bilbao: Tilo, 1994 (págs. 228-231).
123. DE ARRIAGA, Emiliano: *Vuelos cortos de un Chimbo*. Bilbao: Tilo, 1994 (pág. 287).
124. DE ARRIAGA, Emiliano: *Vuelos cortos de un Chimbo*. Bilbao: Tilo, 1994 (págs. 278-283).

AITTITTE MATSORRI

AREATZAKO JOSTUNE

Constructor: Kukubiltxo (Larrabetzu, Bizkaia)
Fecha de presentación: 15 de agosto de 1993

KARGERUE

ANGULERUE

Constructor: Kukubiltxo (Larrabetzu, Bizkaia)
Fecha de presentación: 15 de agosto de 1993

Ondalan Erraldoien Konpartsa (Deusto)

Ondalan Erraldoien Konpartsa nace en 1996 en el barrio de Deusto, gracias a los gaiteros del grupo Bihotz Alai Dantza Taldea y de la recién creada Betiko Bizkaiko Gaiteroak. Tras ser construidos por Kukubiltxo, la nueva comparsa la forman cuatro gigantes. Son presentados en sociedad el 23 de marzo de 1996 y pretenden ilustrar las dos caras de la antigua Anteiglesia de Deusto: el alcalde de Deusto y la txakolinera (representando el Goiherri), y el marino y la sirguera (como imagen del entorno de la ría). Nati Ortiz de Zarate se encarga de confeccionar las ropas. Un año más tarde se une una pareja de cabezudos, el alguacil de Luzarra y Pakita la caramelera de la tienda Dulces hermanas Aldekoa del barrio de Madariaga, así como una pareja de zaldikos en recuerdo a los Condes de Zubiria de Sarriko.

Alkatea

El alcalde de Deusto se presenta como un símbolo diferenciador de lo que era Bilbao. El ayuntamiento estaba en la plaza San Pedro. Este personaje, también denominado El Fiel, simboliza la autoridad de la Anteiglesia, y presidía, por lo menos desde 1662, actos públicos, procesiones y diferentes festejos. La anexión de Deusto con Bilbao fue decretada el 29 de octubre de 1924, dejando de tener autoridades municipales a partir del primer día de 1925.

Txakolinaria

Representa al Deusto más rural de aquella época, con la recogida de la uva, elaboración y venta del txakoli. Se contextualiza en el Txakoli de Arbolagaña (Ibarrekolanda). Destaca la producción de sidra y vino, siendo "Txakoli" el nombre que se le daba al vino propio. Era importante el papel a desempeñar de las mujeres, tanto en la producción como en la comercialización de la bebida.

Marinela

Imagen de un marino de Olabeaga que se dedica a tareas de comercialización del bacalao, suministro naval... Es, junto con la sirguera la imagen del Deusto más cercana al entorno de la ría. Entre los habitantes de Olabeaga se estima que hubo muchos marineros, ya que eran muy afines a realizar viajes, al contrario de los habitantes del Goiherri.

Zirgaria

Esta figura representa a las trabajadoras que esperaban para arrastrar la sirga desde Elorrieta hasta el Arenal bilbaino. Su función era desplazar embarcaciones por la ría, empujando las naves desde la orilla mediante una cuerda. La extinción de esta profesión se debe a la aparición de la máquina de vapor.

Ondalan ha participado en numerosas concentraciones de gigantes. En la fotografía la comparsa durante las fiestas de Basauri del año 2000. *Autor: Pedro Kareaga.*

Pensando en un futuro relevo generacional la comparsa plantea la idea de construir una serie de gigantes de menor tamaño y peso, permitiendo que los jóvenes puedan portar las figuras. Así, el 20 de marzo de 1999 se presentan en Deusto cuatro gigantes *txikis*, primeros en Bizkaia, tomando referencias de Navarra. Esta vez los personajes simbolizan oficios rurales de Euskal Herria: Ikazkina (carbonero), esne saltzailea (lechera), pelotaria (pelotari) y laiaria (layadora).

Continuando con la idea de introducir más figuras a la comparsa, en 2003 y como parte de un espectáculo teatral de Kukubiltxo, se presentan dos nuevos gigantes Mamutxak (nombre mitológico que les identifica): Akerbeltz y Anbotoko Mari. Se tratan de personajes con caracterización mitológica, a los cuales acompañan una pareja de zaldikos y diez Praiskus representando a Ortzi y a brujas. En 2018 se une una nueva pareja de gigantes, completando así el conjunto de figuras mitológicas de la comparsa. Los dos nuevos personajes son Jaun Zuria y Dalda Estigiz, y su construcción corre a cargo de Javier Obregón *Tarzi*, mientras que el vestuario es elaborado por Marifé Martínez (Retoque Bilbao). Se estrenan el sábado 21 de abril de 2018, en Elorrieta.

Akerbeltz

Akerbeltz es un personaje de la mitología vasca. Cuenta la leyenda que este personaje protege y sana a los animales que cuida. Algunos lugares tienen como costumbre tener un macho cabrío de color negro para proteger a los animales.

En los akelarres tenía un papel importante, en el que participaba junto a las *sorginak*, bailando después de haber predicado ante los discípulos y haber comido carne humana en el altar.

Anbotoko Mari

Considerada uno de los personajes más importantes de la mitología vasca, Mari es la personificación del planeta Tierra. Es la reina de la naturaleza y de todos los componentes de la misma, además de considerarse la diosa de la justicia y defensora de la sinceridad. Su imagen simboliza la fuerza de la naturaleza. La leyenda dice que cuando Mari está cerca la tormenta aparece.

Jaun Zuria

Jaun Zuria (de nombre Fortún López) es considerado el primer *jauntxo* de Bizkaia, conocido por derrotar a las tropas asturianas en la batalla de Padura (Arrigorriaga). Tras vencer a ejércitos forasteros, se decide crear señoríos en las tierras de Bizkaia, con el objetivo de proteger el territorio de posibles ataques que pudiera sufrir. Tras juntarse en Gernika Jaun Zuria adquiere derechos sobre tierras, bosques, minas... a cambio de defender la libertad y protección de las franquicias vizcainas.

Dalda Estigiz

Es la segunda esposa de Jaun Zuria después de la difunta Íñiga de Cantabria, hija de Sancho Señor de Durango, quien perece en la batalla de Padura.

En 2009 se crea una nueva generación de gigantes dentro de la comparsa, denominada *Txikiena*. Estos gigantes, de aproximadamente dos metros de altura y unos siete kilogramos de peso son diseñados para que jóvenes de hasta 11 años los levanten sin dificultad, acelerando así la edad a la que comienzan a bailar los gigantes. Para esta nueva saga de gigantes se decide representar tanto la música como la danza de Euskal Herria. Así, los primeros personajes reproducen un txistulari y una dantzari. En 2015, ante la gran demanda de jóvenes portadores, la comparsa amplía su número de gigantes pequeños hasta cuatro, añadiendo una figura de un albokari y una gaitera, estrenados el día 21 de marzo de 2015 en Deusto. La comparsa *Txikiena* se completa en 2019 cuando se presentan las últimas dos figuras: por un lado, un trikitilari, y por otro, una panderojole.

ALKATEA

TXAKOLINARIA

Constructor: Kukubiltxo (Larrabetzu, Bizkaia)
Fecha de presentación: 23 de marzo de 1996

MARINELA

ZIRGARIA

Constructor: Kukubiltxo (Larrabetzu, Bizkaia)
Fecha de presentación: 23 de marzo de 1996

PELOTARIA

LAIARIA

Constructor: Kukubiltxo (Larrabetzu, Bizkaia)
Fecha de presentación: 20 de marzo de 1999

IKAZKINA

ESNE-SALTZAILEA

Constructor: Kukubiltxo (Larrabetzu, Bizkaia)
Fecha de presentación: 20 de marzo de 1999

AKERBELTZ

ANBOTOKO MARI

Constructor: Kukubiltxo (Larrabetzu, Bizkaia)
Fecha de presentación: marzo de 2003

JAUN ZURIA

DALDA ESTIGIZ

Constructor: Javier Obregón *Tarzi*
Fecha de presentación: 21 de abril de 2018

TXISTULARIA

DANTZARIA

Constructor: Javier Obregón *Tarzi*
Fecha de presentación: 9 de mayo de 2009

ALBOKARIA

GAITARIA

Constructor: Javier Obregón *Tarzi*
Fecha de presentación: 21 de marzo de 2015

TRIKITILARIA

PANDEROJOLEA

Constructor: Javier Obregón *Tarzi*
Año de construcción: 2019

Salbatzaile Dantza Taldea (Castaños)

El grupo de danzas Salbatzaile Dantza Taldea, fundado en 1978 en el barrio bilbaino de Castaños, estrena el día 2 de junio de 2023 dentro de los actos de *Euskal Jaia XVII* a su nueva gigante Marikastaña. Construida por los propios miembros del grupo de danzas, representa a Mari, diosa de la mitología vasca y a los castaños, ya que antaño este tipo de árbol se extendía por todo el barrio. Posteriormente fueron talados. Personifica a una abuela que narra cuentos a los niños que se acercan a ella, y es por eso que Marikastaña tiene joroba. Además, el color de la cara es el mismo de los árboles que actualmente ocupan el paseo del Campo Volantín.

Estreno de Marikastaña en 2023, acompañada por el gigante de la Colla Bastoners de Sallent (Barcelona). *Autores: Borja Romero y Aitor Santamaria.*

MARIKASTAÑA

Constructores: miembros del grupo Salbatzaile Dantza Taldea
Fecha de presentación: 2 de junio de 2023

Gigantes de Bizkaia

Amorebieta-Etxano

En 1950 se adquiere una serie de cabezudos modelo Artesanía Mirete (Murcia). Aprovechando las cabezas, los propios vecinos del municipio realizan los cuerpos, creándose así la primera pareja de gigantes de la que hay referencia en la localidad, representando a dos caseros. Su presencia es efímera, ya que, en 1953[125], el Ayuntamiento compra a la casa El Ingenio de Barcelona una pareja de gigantes reyes con sus respectivos trajes, cuatro cabezudos y cuatro kimonos por un total de 10 340 pesetas.

Con las anteriores figuras desechadas, la Comisión de Fiestas de Amorebieta recupera la presencia de gigantes en los años 80, presentando, nuevamente, una pareja de cabezudos sobre unos cuerpos de construcción artesanal. Desaparecen en el año 1994.

Primeros gigantes y cabezudos de Amorebieta en 1950. *Fondo familiares Iker Treviño. Filmoteca Vasca - Euskadiko Filmategia.*

Tras dos años en los que Mairuek Bilboko Erraldoien Konpartsa y Ondalan Erraldoien Konpartsa se encargan de animar las fiestas de la localidad, el 20 de julio de 1997, de la mano de Kukubiltxo, se estrenan los nuevos gigantes representando a los señores de Larrea (Juan de Larrea y Teresa de Mudarra), además de cuatro cabezudos evocando a un municipal, la lechera de Etxano, el tendero (en memoria de Toribio y de Justo Emaldia) y una aldeana. Un año más tarde se unen al séquito un fraile y una pescadora.

Después de años como gigantes municipales, el 24 de mayo de 2008 se constituye como comparsa propia bajo la denominación Udazken Barria Erraldoien Konpartsa.

125. Archivo Foral de Bizkaia. AMOREBIETA 0351/011 (1953).

JUAN DE LARREA

TERESA DE MUDARRA

Constructor: Kukubiltxo (Larrabetzu, Bizkaia)
Fecha de presentación: 20 de julio de 1997

Juan de Larrea y Heredia

Obtiene varias distinciones importantes como Caballero de la Orden de Calatrava, señor de la casa-torre de Larrea en Zornotza o miembro del Consejo y Junta de Guerra y de Indias. En Madrid, se caracteriza por ser fiel a Carlos II con el cual llega a ser secretario de Estado y del llamado Despacho Universal.

Teresa Francisca Mudarra y Herrera

Tal y como indica la cartela a los pies de su retrato obra de Claudio Coello, fue patrona de las Capellanías y de la antigua Capilla de los Herreras, sita en Santa María de la Real de la Almudena, en Madrid, y poseedora de los Mayorazgos de sus apellidos. Esposa de don Juan de Larrea y Heredia, pone, en 1713, en manos de la Orden de los Padres Carmelitas la ermita dedicada a San Juan Bautista edificada entre 1647 y 1650.

Etxano

Por su parte, el barrio de Etxano posee ocho figuras, todas ellas propiedad de la Asociación de Vecinos. Las cabezas son obra de Buruarinak (Gipuzkoa) mientras que los armazones y los trajes son realizados por los propios vecinos.

Seis de los gigantes representan a personajes de la Mitología Vasca: **Basajaun**, el guardián o señor del bosque; **Mari**, la diosa principal de la mitología precristiana; **Akerbeltz**, dirigente o líder de los aquelarres; **Tartalo**, un ser maligno con un solo ojo; **Sorgina**, curanderas acusadas por practicar brujería durante los siglos XV y XVII; y **Galtzagorri**, seres diminutos y graciosos.

Los otros dos gigantes recuerdan a Etxano y su historia: el primer personaje representa a **Etxanoko Agintaria** (autoridad de Etxano), ya que antiguamente este barrio de Amorebieta era un pueblo independiente con Ayuntamiento propio. El segundo, por su parte, rinde homenaje a la mascota del grupo de hockey de Etxano, cuyo nombre es **Miru**.

Todas las imágenes fueron presentadas el 27 de mayo de 2022, en el propio barrio de Etxano.

Etxano ▶

ETXANOKO AGINTARIA

MIRU

Constructores: Asociación de vecinos de Etxano
Fecha de presentación: 27 de mayo de 2022

MARI

AKERBELTZ

Constructores: Buruarinak (cabezas) y Asociación de vecinos de Etxano (estructuras)
Fecha de presentación: 27 de mayo de 2022

SORGINA

TARTALO

Constructores: Buruarinak (cabezas) y Asociación de vecinos de Etxano (estructuras)
Fecha de presentación: 27 de mayo de 2022

GALTZAGORRI

BASAJAUN

Constructores: Buruarinak (cabezas) y Asociación de vecinos de Etxano (estructuras)
Fecha de presentación: 27 de mayo de 2022

Amorebieta-Etxano

Areatza

Tras la compra de una serie de cabezudos a la casa El Ingenio de Barcelona al principio de la década de los años 50, los propios vecinos de Areatza construyen los cuerpos para dos de ellos, una práctica habitual de esa época en otros municipios de Bizkaia.

En fiestas de 1997 hacen su reestreno los gigantes, reconstruidos por los vecinos de la localidad en los talleres organizados por el Ayuntamiento. Belén Astondoa, Txaro y Mari Tere Esparta, Tere Zamakona, Kontxi Petralanda y Sara Egilior fueron las artífices de la remodelación[126]. Las indumentarias, por su parte, fueron obra de Pili Aranburu y Sorkunde Artabe. Representan a Cotorruelo (zapatero con tienda en Bilbao, fundada en 1922, ubicada en la calle Prim 26 y bombardeada en la Guerra Civil) y a doña Carola, usuarios en una época en la que ciudadanos de buenos caudales acudían al municipio a pasar sus vacaciones descansando en las medicinales aguas de su balneario. Representan a la alta burguesía que durante el siglo XX visitaba la localidad y su antiguo balneario.

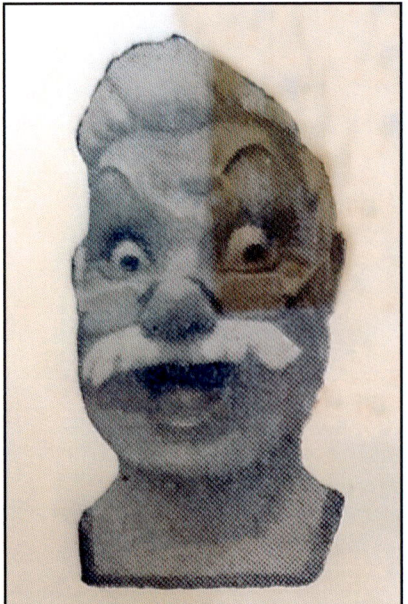

Cabezas originales de los actuales Cotorruelo y doña Carola en el catálogo de El Ingenio (Barcelona). *Archivo Foral de Bizkaia - Bizkaiko Foru Agiritegia. MUNGIA 00329/029.*

Años más tarde, en 2002 y de la mano de Kukubiltxo, se une una nueva pareja utilizando las cabezas de los antiguos cabezudos. Encarnan a un txistulari (en homenaje a los músicos Ramón Orue, Leonardo Zuloaga y Salustiano Alonso) y a una nodriza, cuidadora de los niños de las familias adineradas de la época. Sus indumentarias son obra de Mari Tere y Txaro Esparta. Poseen, además, cuatro cabezudos: la bruja y el demonio, obra de la casa Aragonesa de Fiestas (Zaragoza); el indio y el conquistador, cabezas de El Ingenio supervivientes de los años 50. Mantienen almacenadas otras tantas cabezas con apariciones esporádicas.

. . . .

126. *Areatza Lantzen.* 2007 (pág. 12).

COTORRUELO

DOÑA CAROLA

Constructores: Belén Astondoa, Txaro y Mari Tere Esparta, Tere Zamakona, Kontxi Petralanda y Sara Egilior (vecinas de Areatza)
Año de construcción: 1997

TXISTULARIA

INUDE

Constructor: Kukubiltxo (Larrabetzu, Bizkaia)
Año de construcción: 2002

Areatza

Barakaldo

A principio de la década de los 40 son los gigantes bilbainos quienes animan las fiestas de la localidad fabril. Es en 1944 cuando adquiere su primera pareja a la casa El Ingenio de Barcelona, una pareja de aldeanos junto a ocho cabezudos entre los que se encuentran el Gordo y el Flaco o una sevillana. A esta pareja de gigantes se añade, en 1945, una pareja de reyes de la misma casa constructora por 4 704 pesetas. Años más tarde, en 1966, una pareja de dantzaris (también de El Ingenio) completa el séquito, coexistiendo todas ellas hasta finales de los años 70.

Con las anteriores figuras en estado irreparable, el Ayuntamiento aprueba a mediados de 1980 la construcción de unos nuevos bultos. Pedro Goiriena, aún en el grupo Cómicos de la Legua-Kilikilariak, es el encargado de la realización de los mismos, presentando en un primer momento bocetos de hasta diecinueve personajes[127]. Con un presupuesto ajustado, el número final se reduce a una pareja de gigantes, representando a dos barakaldeses de principios del siglo XX y a nueve cabezudos. Estos últimos homenajean a la agricultura que en su día poseía el municipio. Así, el 30 de noviembre de 1980[128], dentro de los actos de la primera edición de la Korrika, hacen su presentación el artesano, la aldeana, la sardinera, el ajo, la cebolla, la lechuga, el tomate, el puerro y el pepino, con un coste total de aproximadamente 360 000 pesetas. Los gigantes se estrenan al año siguiente, aunque su presencia en Barakaldo es anecdótica, con contadas salidas hasta finales de los años 80 debido a la mala estabilidad de las figuras.

Estreno de los gigantes y cabezudos frente al ayuntamiento en 1944. *Autor: Luis Choya Almaraz. Fondo fotográfico Barakaldoko argazkiak CIHMA. Ayuntamiento de Barakaldo - Barakaldoko Udala.*

El 12 de julio de 2021, el Ayuntamiento de Barakaldo presenta dos nuevos gigantes de propiedad municipal. Las nuevas figuras, construidas por Xabier Garate (Irun), pretenden dar a conocer la simbología y los personajes de la localidad, ayudando a crear una identidad propia. Los nuevos gigantes se inspiran en la zarzuela Percal y Mahón, redactada por el escritor nacido en Barakaldo Ernesto Perea Vitorica. Así, se presentan las figuras de José (trabajador de una fábrica) y Pauli (campesina y labradora), simbolizando un amor imposible nacido en la romería barakaldesa de San Roque. Precisamente es el conflicto existente entre el entorno rural y la fábrica de inicios de siglo XX el que contextualiza a ambas figuras[129].

En 2023 se une una nueva pareja, en esta ocasión como representantes de la historia minera que durante tantos años ha marcado esta localidad. Construidos en el taller Gigantes Platero de Pamplona, personifican

Cabezudos de Barakaldo en el taller de Kasimorone en 1980. *ARCHIVO MUNICIPAL DE BILBAO. Fondo: La Gaceta del Norte. Autor: Francisco Gras. 0301_004215_F-000255-006.*

a una cartuchera, Maialen, en recuerdo a aquellas mujeres que separaban el hierro y la caliza del mineral dejándolo totalmente limpio, y a un minero, Arnabal. La elección del nombre de este último se debe al del yacimiento de la parte alta de El Regato, donde los mineros trabajaron durante décadas en la zona sacando el mineral. Son presentados oficialmente acompañados de sus dos compañeros Pauli y José el 20 de mayo de 2023, en el barrio de Cruces.

• • • • • • • • •

127. *El Correo Español - El Pueblo Vasco*. 9 de agosto de 1980 (pág. 5).
128. *La Gaceta del Norte*. 29 de noviembre de 1980 (pág. 4).
129. *Barakaldo Digital*. 7 de julio de 2021. *http://barakaldodigital.blogspot.com/2021/07/el-ayuntamiento-crea-dos-gigantes-pauli.html.*

Los antiguos gigantes están almacenados desde finales de los años 80. *Autores: Borja Romero y Aitor Santamaria.*

JOSÉ

PAULI

Constructor: Xabier Garate (Irun, Gipuzkoa)
Fecha de presentación: 12 de julio de 2021

ARNABAL

MAIALEN

Constructor: Gigantes Platero (Pamplona, Navarra)
Fecha de presentación: 20 de mayo de 2023

Laguntasuna Erraldoi Konpartsa

El grupo de danzas Laguntasuna Euskal Folklore Elkartea recupera la presencia de gigantes en la localidad, tras muchos años de ausencia. El 16 de julio de 1998, en plenas fiestas del Carmen, los nuevos gigantes hacen su primera aparición en Santurtzi, aunque son presentados oficialmente el 11 de octubre de dicho año en Barakaldo. Construidos por Kukubiltxo y vestidos por Nati Ortiz de Zarate, representan a los Condes de Retuerto y a una pareja de aldeanos. En 2005 sufren una importante remodelación tanto de indumentaria como de aspecto.

Condes de Retuerto

En recuerdo a la amplia historia de la localidad de Barakaldo, representan a don Galindo de Retuerto, fundador de Barakaldo en el año 1340 a terceras partes con don Lope Gonzalo de Zorroza y don Sancho López de Barakaldo, y su mujer doña María de Ayala, hija de Fortún Sánchez de Salcedo VII, Señor de Ayala.

Los aldeanos

Como homenaje a los primeros gigantes propiedad de Barakaldo en 1944, Laguntasuna Euskal Folklore Taldea reivindica, mediante la pareja de Txomin y Tomasa, el origen agrícola que poseyó Barakaldo durante la mayor parte de su historia, rechazando así la extendida creencia de la importancia de Barakaldo a raíz de la llegada de los Altos Hornos a principios del siglo XX.

Laguntasuna Erraldoi Konpartsa ▶

DON GALINDO DE RETUERTO

DOÑA MARÍA DE AYALA

Constructor: Kukubiltxo (Larrabetzu, Bizkaia)
Fecha de presentación: 16 de julio de 1998

TXOMIN

TOMASA

Constructor: Kukubiltxo (Larrabetzu, Bizkaia)
Fecha de presentación: 16 de julio de 1998

Barakaldo

Basauri

Llodio accede en 1934 a ceder sus gigantes municipales para las fiestas de octubre de dicho año. Sin embargo, la agitación política de la época impide dicho acuerdo. Al año siguiente el Ayuntamiento alavés acuerda en sesión ordinaria «*Cesión de los gigantes y cabezudos a Basauri. A la vista de la comunicación de la Alcaldía de Basauri solicitando se le concedan los gigantes y cabezudos para unas próximas fiestas a celebrar, y teniendo en cuenta que por dicho Ayuntamiento se tenían solicitados aquellos y por este concedidos para las fiestas de San Miguel en primeros de octubre último (...) por lo cual, y a pesar del criterio sustentado anteriormente de no cederlos como ha sucedido recientemente con el Ayuntamiento de Arrigorriaga, se acordó conceder al de Basauri (...)*»[130].

Por fin, en 1947, el Ayuntamiento de Basauri compra a Industrial Bolsera S.A. (empresa barcelonesa que en aquellos años se dedica a suministrar gigantes y cabezudos fabricados por la reputada casa El Ingenio de Barcelona) una pareja de gigantes y cuatro cabezudos por 7 345 pesetas.

Con las anteriores figuras destruidas por el paso de los años, de las que únicamente quedan los armazones, el Ayuntamiento adquiere en 1961 a la casa Industria Juguetera Recacha de Zaragoza una pareja de Reyes Católicos (indumentaria incluida), cuatro cabezudos (el Baturro, la Baturra, Verrugón y Tuerto) y una pareja de cabezudos infantiles (Payaso y la Bruja), haciendo un total de 17 500 pesetas por las ocho figuras. Tan solo tres años más tarde los bultos fueron restaurados a consecuencia de las humedades del local en el que se almacenaban.

Los gigantes en 1994 antes de su restauración. *Autor: Pedro Kareaga.*

130. Archivo Municipal del Ayuntamiento de Llodio. Libro de actas del Pleno del 1-12-1933 a 26-08-1935 (págs. 441-442).

En 1970 las figuras vuelven a estar sumamente deterioradas con lo que son descartadas y se adquiere a la misma casa una nueva pareja de Reyes Católicos y seis cabezudos (mexicano, diablo, verrugón, payaso, zorro y Mickey Mouse) por 50 000 pesetas. Se unen, en 1979, cinco nuevos cabezudos (diablo, pareja de negros, Drácula y un mono) por 60 000 pesetas.

Los actuales gigantes fueron construidos en 1992 por el artista valenciano Vicente Luna. La pareja representa a un ferrón y a una escarabillera a los que se les unen cinco cabezudos (Gargantúa, bandolero, moro, negro y bruja). Durante unos años (1994-1999) el grupo de danzas Agintzari Dantza Taldea es el encargado de las figuras, pese a seguir siendo propiedad municipal. Tras años sin apenas actividad, son restaurados en 2007 por Kukubiltxo y actualmente participan en las fiestas anuales de San Fausto.

Otra figura importante en las fiestas de Basauri es *Eskarabillera*, gigantilla que, desde 1979, es el símbolo de las fiestas. Homenajea el pasado industrial de la localidad, en recuerdo a aquellas mujeres que recogían carbón para su uso doméstico en sus chapas de cocina. El último día de las fiestas, Herriko Taldeak (organizadores de las fiestas) ata su cabeza a unos globos y la sueltan, tras introducir en la propia cabeza un mensaje con un número de teléfono para que, quien la encuentre, la devuelva. A cambio, recibe una compensación económica, así como una invitación a las fiestas de San Fausto del siguiente año, mientras que la cuadrilla encargada de lanzar la cabeza debe acudir en su búsqueda y recuperarla. La cabeza ha aparecido en países como Francia, Bélgica o en la República Checa.

Gigantes y cabezudos en las fiestas de 1996. *Autor: Pedro Kareaga.*

FERRÓN

ESCARABILLERA

Constructor: Vicente Luna (Valencia)
Año de construcción: 1992

ESKARABILLERA

Constructor: Xabier Garate (Irun, Gipuzkoa)
Año de construcción: anualmente

Bermeo

Para hallar las primeras referencias de gigantes en la localidad marinera hay que remontarse al programa de fiestas de 1899, donde los encontramos por primera vez, sin haber podido determinar el número de figuras ni personajes que representan. Estos gigantes no debieron de durar mucho puesto que en 1916[131] son los gigantes de Gernika quienes forman parte de los festejos, mientras que en 1919 es la comitiva bilbaina quien se desplaza hasta la localidad pesquera[132]. En 1923, respondiendo a la solicitud del Ayuntamiento de Zalla para la cesión de gigantes y cabezudos a sus fiestas, el consistorio Bermeano rechaza la solicitud *«al no poseer jigantes y cabezudos»*[133].

Pocos años después, en 1932, vuelven a constar en el programa de fiestas: *«(...) y después harán su aparición para júbilo de la chavalería, los gigantes y cabezudos»*[134]. Se trata de una pareja adquirida a El Ingenio o a Industrial Bolsera S.A. (Barcelona), idéntica a otras poblaciones que compran el mismo modelo de gigantes.

Olvidados los anteriores, en la década de los 50 adquiere una pareja de Reyes Católicos a la empresa Industria Juguetera Recacha (Zaragoza), los cuales están activos hasta mediados de los años 80, momento en el que son apartados en dependencias municipales desapareciendo finalmente en el año 1993.

Gigantes de Bermeo en 1934. *Autor: Cirilo Zabala. Coloreada y cedida por Aingeru Astui.*

131. *Aldaba Aldizkaria*. Gigantes, cabezudos y Gargantua en Gernika. nº 194. 2016 (pág. 48).
132. *El Pueblo Vasco*. 31 de agosto de 1919.
133. Archivo Foral de Bizkaia. ZALLA 0148/100 (1923).
134. *El Liberal*. 7 de septiembre de 1932 (pág. 6).

Tras años sin gigantes propios, el 7 de septiembre de 2002 se presenta la primera de las dos parejas que compone la comparsa actual de gigantes de Bermeo. Son construidos por Kukubiltxo, vestidos por Nati Ortiz de Zarate y representan a un pescador y una lechera: Anton y Josefin. Conjuntamente se presentan dos cabezudos: Roke Alguazila y Madalen Añie. La segunda y última pareja de gigantes se presenta en 2004, también construida por Kukubiltxo y vestida por Nati Ortiz de Zarate, ilustrando en esta ocasión a una pareja de aldeanos: Lorentzo y Mari. Por último, en 2008 se une la segunda pareja de cabezudos: Tomás Cabo de Mar y Tiadora Atsue, completando así la comparsa tal como se conoce a día de hoy. Asimismo, en 2005 dejan de ser figuras municipales, quedando constituida la comparsa de gigantes de Bermeo.

Gigantes y cabezudos de Bermeo hacia 1964. *Fotografía realizada y coloreada por Aingeru Astui.*

Desde el año 1979 en las fiestas de Andra Mari hace acto de presencia una gigante denominada Xixili, convirtiéndose desde entonces en el símbolo festivo de la localidad. Tomando como ejemplo a Marijaia, idean una Lamia a la que denominan Cecilia, siendo Xixili su traducción al euskera.

ANTON

JOSEFIN

Constructor: Kukubiltxo (Larrabetzu, Bizkaia)
Fecha de presentación: 7 de septiembre de 2002

LORENTZO

MARI

Constructor: Kukubiltxo (Larrabetzu, Bizkaia)
Fecha de presentación: 8 de septiembre de 2004

XIXILI

Constructor: Buztina Keramika Taldea (Bermeo)
Año de construcción: anualmente

K.I.E.T.B.

Comparsa de gigantes txikis de Bermeo creada en 2017 con el objetivo de difundir el euskera y la cultura folklórica vasca desde la temprana edad. El nombre de la comparsa es idea de Jon Ibarra, componente de la comparsa, que crea un logo que dice "Konpartsa Erraldoi Txiki Bermeo", (en castellano Comparsa de gigantes pequeños de Bermeo). Siendo el parque Izarra de la calle Atalde el origen de la comparsa, se decide añadir "Izarra" al logotipo, quedando así: Konpartsa Izarra Erraldoi Txiki Bermeo, abreviado K.I.E.T.B.

Actualmente disponen de seis figuras de propiedad particular: Xixilitxiki y Peru Ercilla Arponerue, los dantzaris (Eneko e Izarra) y Tartalo y Olatz Erremolaria.

K.I.E.T.B. ▶

TARTALO

Constructora: Bego Bilbao Allika (Bermeo, Bizkaia)
Año de construcción: 2015

OLATZ ERREMOLARIA

Constructora: Bego Bilbao Allika (Bermeo, Bizkaia)
Año de construcción: 2017

XIXILITXIKI

Constructores: miembros de la comparsa
Año de construcción: 2016

PERU ERCILLA ARPONERUE

Constructores: miembros de la comparsa
Fecha de presentación: 11 de noviembre de 2017

ENEKO EZPATA-DANTZARIA

Constructor: Aitor Calleja (Markalain, Navarra)
Año de construcción: 2019

IZARRA ARKU-DANTZARIA

Constructor: Aitor Calleja (Markalain, Navarra)
Año de construcción: 2021

Berriatua

La presencia de gigantes en la pequeña localidad de Berriatua es inexistente hasta el año 2023, cuando se organiza una concentración de gigantes y cabezudos que cuenta con la participación de las figuras de Rentería (Gipuzkoa), Markina, Etxano y Viladamat (Girona).

Al año siguiente, en plenas fiestas del municipio, hace su estreno la primera pareja de gigantes, representando dos personajes mitológicos de la zona: Lami y Mairu, obra del taller navarro Eskuartean Imaginería Festiva.

Lami, huyendo esta vez del prototipo de mujer joven y bella, porta un peine dorado tal y como indica la tradición. Además, tiene sobre su hombro un sapo, haciendo de esta manera énfasis en el carácter natural del personaje, que no deja de ser la ladera de los ríos.

Mairu por su parte, lleva un gorro con dos cuernos, un saco lleno de alhajas de oro en la mano y un collar de piedras verdes, réplica del collar de Goikolau, una pieza arqueológica del yacimiento de Goikolau (Berriatua) que está compuesto por 110 cuentas de formas diversas. Estos personajes son, según la mitología vasca, gigantes constructores de dólmenes y *crómlechs* y aparecen en varias ocasiones junto a las Lamias.

Los gigantes el día de su presentación, junto a los porteadores y constructores.
Autores: Borja Romero y Aitor Santamaria.

MAIRU

LAMI

Constructor: Eskuartean Imaginería Festiva (Pamplona, Navarra)
Fecha de presentación: 11 de mayo de 2024

Durango

El primer dato en Durango que hallamos es en 1920[135] cuando Lekeitio cede sus figuras al Consistorio con motivo de las fiestas en honor a San Antonio Abad. En 1935 vuelven a pasear gigantes y cabezudos *«que la comisión adquirió para estas fiestas»*[136]. Posiblemente se traten de gigantes cedidos por otro Ayuntamiento. Un año más tarde Eduardo Delgado, juguetero de Madrid, realiza una oferta al Ayuntamiento para la fabricación de gigantes y cabezudos, oferta truncada por el estallido de la Guerra Civil. Años más tarde, en 1943, Durango solicita al Ayuntamiento de Ondarroa la cesión de sus gigantes[137].

Primeros gigantes y cabezudos de Durango en 1944. *Fotografía cedida por la familia Urnieta. Archivo Gerediaga Elkartea.*

Finalmente, en 1944, aparecen las primeras figuras propias del municipio: una pareja de cabezudos de la empresa El Arca de Noé (Madrid) sobre unos cuerpos construidos de manera artesanal, así como varios cabezudos de la misma casa constructora. Son porteados, en un primer momento, por los soldados del Regimiento Valencia. Posteriormente, son los propios vecinos del municipio los encargados de bailar las figuras al son de la gaita de los hermanos Elizaga de Estella[138].

· · · · · · · · ·

135. BLANCH, Pau: "Gigantes y cabezudos en Lekeitio". *Kurik* nº 4. 2021 (pág. 53).
136. *La Gaceta del Norte*. 30 de agosto de 1935 (pág. 9).
137. GAMINDE, Jon: "Gigantes y cabezudos en el Duranguesado". *Durango nº 12*.
138. GAMINDE, Jon: "Gigantes y cabezudos en el Duranguesado". *Durango nº 12*.

En 1949 el Ayuntamiento desecha los anteriores gigantes y compra a la casa El Ingenio (Barcelona) una pareja de reyes sin vestir, además de seis cabezudos por un total de 5 054,40 pesetas. De los trajes se encarga Tejidos Arana. Esta pareja continúa paseando por las calles del municipio hasta mediados de los años 60, cuando son sustituidos por dos gigantes representando a Cleopatra y Marco Antonio, obra de Industria Juguetera Recacha (Zaragoza)[139].

En octubre de 1980, con motivo de los Sanfaustos, se estrena la nueva pareja de gigantes y seis cabezudos, obra de Pedro Goiriena. El artista barakaldés brinda a los gigantes la fisonomía de dos personajes históricos de Durango: Mari (la dama de Anboto) y Fray Alonso de Mella (el hereje de Durango). Los cabezudos, por su parte y tras realizar estudios sobre la mitología vasca, recrean a Akerbeltz o a la figura de la amama, que aún se conservan y recientemente han sido reparados. Los gigantes, en cambio, hacen su última aparición en las fiestas de 1987, desapareciendo en dependencias municipales debido a su dificultad para poder ser bailados adecuadamente.

Actualmente el municipio cuenta con una pareja de gigantes, propiedad del grupo de danzas Kriskitin quienes, en colaboración con

Segunda generación de gigantes y cabezudos de Durango. Año 1960. *Fotografía cedida por la familia Urnieta. Archivo Gerediaga Elkartea.*

la comparsa de gigantes Udazken Barria Erraldoien Konpartsa de Amorebieta encargan a Mikel Ibarzabal (Urretxu) su construcción. Se estrenan en la concentración anual de gigantes de Amorebieta el 15 de julio de 2013. Representan a Pedro Ruiz de Muntsaratz y a doña Urraca, propietarios de la casa-torre de Muntsaratz, ubicada en el municipio de Abadiño, comarca del Duranguesado.

Doña Urraca, hija del Rey de Navarra (Sancho VI *El Sabio)*, contrajo, en el año 1172, matrimonio con Pedro Ruiz, dueño y señor de la Torre de Muntsaratz ubicada en Abadiño. La leyenda cuenta que tuvieron dos hijos: Ibon y Mariurrika. El primero estaba destinado a ser el heredero, pero el odio y envidia de su hermana provoca que esta lo lance por las rocosas montañas. A su regreso miente afirmando que su hermano se ha precipitado accidentalmente. Acosada por la conciencia, una noche se presentan en Muntsaratz los *Ximelgorris* o genios diabólicos, y desde entonces está desaparecida. Se dice que habita en las cuevas del monte Anboto, conocida hoy en día como *Mari de Anboto.*

Gigantes y cabezudos construidos por Pedro Goiriena en 1980. *Autor desconocido. Archivo Gerediaga Elkartea.*

· · · · · · · ·

139. GAMINDE, Jon: "Gigantes y cabezudos en el Duranguesado". *Durango nº 12.*

PEDRO RUIZ DE MUNTSARATZ

DOÑA URRACA

Constructor: Mikel Ibarzabal (Urretxu, Gipuzkoa)
Fecha de presentación: 15 de julio de 2013

Durango

Elorrio

La primera referencia de gigantes en la localidad de Elorrio se remonta al año 1931 cuando, tras solicitar la cesión de sus figuras al Ayuntamiento de Vitoria[140] y recibir la denegación de este, se recurre al consistorio de Gernika[141] quien cede sus figuras para las fiestas de septiembre. Estos mismos vuelven a ser cedidos en el año 1934.

A pesar de no contar actualmente con gigantes, en 2002 el Ayuntamiento adquiere cinco enormes cabezudos. Las cabezas representan a personajes populares de la localidad: Fidel López *Barqui*, Idoia Larrañaga *Katxarro*, Francisco Granados *Tío Pepe*, un alguacil al cual Félix Miguel Cuadrado cede su fisonomía y, por último, a un errebonbillo, personaje clásico de las fiestas de Elorrio, protagonistas del único alarde de armas que hay en Bizkaia. Hacen su estreno en la bajada de fiestas del 31 de agosto de ese mismo año. Igualmente, se plantea la construcción de una pareja de gigantes[142] representando a don Tello, fundador de la Villa, y a una mujer de la época, en proyecto hasta el día de hoy.

Su gran tamaño y enorme peso provoca que desde 2018 las cabezas estén almacenadas en la biblioteca municipal, dando paso a seis nuevos cabezudos obra del irundarra Xabier Garate.

140. *El Noticiero bilbaino*. 26 de agosto de 1931 (pág. 3).
141. GAMINDE, Jon: "Gigantes y cabezudos en el Duranguesado". *Durango nº 12* (pág. 10).
142. *El Correo Español - El Pueblo Vasco*. 31 de agosto de 2002 (pág. 8).

ERREBONBILOA

ALGUAZILA

BARQUI

Fecha de presentación: 31 de agosto de 2002

TÍO PEPE

KATXARRO

Fecha de presentación: 31 de agosto de 2002

Erandio

En el programa de fiestas del año 1923 se incluye la participación de los gigantes, cabezudos y Gargantúa de Bilbao. Sin embargo, «a última hora se desistió por encontrarse aquellos completamente deteriorados y, en su lugar, se celebrarán otros festejos que causarán grandes sorpresas»[143].

El Ayuntamiento de Bilbao (Erandio fue anexionado a Bilbao en 1924, perteneciendo al mismo hasta 1983) adquiere en el año 1935 cuatro cabezudos a la casa El Ingenio de Barcelona para animación de las fiestas de San Agustín. De la vestimenta de los mismos se encargan las alumnas de las clases de corte y confección de la Escuela Profesional e Industrial de Erandio, dirigida por la profesora Agustina Mendiguren[144].

Respecto a la primera referencia de gigantes en Erandio la encontramos en 1940[145], cuando los gigantes, cabezudos y Gargantúa bilbainos pasean por las calles durante sus fiestas patronales.

En 1985, los miembros de Gautxoriak Taldea Kultur Elkartea, con el objetivo de impulsar la presencia de gigantes y cabezudos tanto en Erandio como en Bizkaia, construyen una pareja de gigantes y cuatro cabezudos. Los primeros, La Ría y Zumalakarregi, aportando una visión histórica del municipio; los segundos criticando la contaminación que soporta Erandio durante décadas por las industrias que lo rodeaban, caracterizada por cuatro ratas. Para su construcción cuentan con la colaboración económica y material del Gobierno Vasco, Dow Chemical o Sulsona, entre otros. Además, colaboran miembros de las comparsas de gigantes de Pamplona, Tolosa o Hernani, así como los grupos teatrales Karraka y Kukubiltxo. Cada gigante tiene un coste, en materia prima, de doscientas mil pesetas más otras cien mil en ropa. Por su parte, cada cabezudo cuesta 75 000 pesetas[146]. Las seis figuras son presentadas ese mismo año, el día 28 de agosto, en plenas fiestas.

En 1992 se suma una nueva pareja de gigantes, los señores de Martiartu, y dos zaldikos, en representación de las Torres de Asua y de Martiartu, vitales a lo largo de la Edad Media en las guerras de banderizos. Los propios miembros de la comparsa son, nuevamente, los encargados de dar forma a las figuras.

Desde hace ya varios años se han incluido nuevas figuras con el fin de asegurar un relevo generacional. Paulatinamente han incorporado cabezudos de menor tamaño, adecuados para los más pequeños, además de estrenar en las fiestas de 2018 la pareja de gigantes *txikis* Patakon pirata y Amalur sorgina, construidos por Xabier Garate (Irun).

143. *Euzkadi*. 1 de septiembre de 1923 (pág. 7).
144. *La Gaceta del Norte*. 23 de agosto de 1935 (pág. 6).
145. *Programa Oficial de las fiestas de Erandio*. 1940 (pág. 2).
146. *La Gaceta del Norte*. 29 de agosto de 1985 (pág. 6).

La Ría

Representante del barrio de Erandio Behekoa que vive su desarrollo a finales del siglo XIX y principios del XX junto con el asentamiento en sus orillas de los Altos Hornos, astilleros, talleres y demás industrias. En sus ropas se mezclan elementos de una dama con algunos de los atributos de los antiguos alcaldes de Euskal Herria. No tiene sexo definido ya que, a lo largo de su recorrido, ha venido representando ambos papeles, denominándose tanto "ría" como "río".

Tomás de Zumalakarregi

General y miembro más destacado del ejército carlista, representa al barrio de Lutxana, convertido ahora en una estrecha franja de casas y talleres entre la ría y las vías del metro. Antaño es considerado un importante puerto y fortín vital durante las guerras carlistas que cerraba el acceso a la Villa de Bilbao. Durante la primera carlistada, las tropas liberales al mando de Espartero rompieron el cerco a Bilbao, lo que sirvió para que este alcanzase el título isabelino de "Conde de Lutxana".

Señores de Martiartu

Martín Ortiz de Martiartu *Peru* y Ana Mª de Zamudio y Leguizamon de Begoña *Mari* representan a los barrios de Erandio Goikoa o Asua, al Erandio medieval, inmerso en las guerras de bandos o linajes que se extienden por todo el País Vasco desde el siglo XII hasta el siglo XV. Él, con vestimenta de guerrero de la época, ella cubre su cabeza con un tocado propio del Erandio de la época.

Las cuatro ratas como símbolo de la contaminación que ha padecido Erandio durante décadas. *Autores: Borja Romero y Aitor Santamaria.*

191

LA RÍA

TOMÁS DE ZUMALAKARREGI

Constructores: miembros de Gautxoriak Taldea Kultur Elkartea
Fecha de presentación: 28 de agosto de 1985

PERU

MARI

Constructores: miembros de Gautxoriak Taldea Kultur Elkartea

Fecha de presentación: 25 de agosto de 1992

PATAKON PIRATA

AMALUR SORGINA

Constructor: Xabier Garate (Irun, Gipuzkoa)
Fecha de presentación: 28 de agosto de 2018

Erandio

Gernika

Unamuno sitúa en 1886 a unos antiguos muñecos elásticos a los cuales, en un primer momento, confunde con los antiguos gigantes de Bilbao, donde *«fueron tristes y resignados, a terminar sus días (...)»*[147]. Al parecer (siempre según palabras del autor, ya que el bombardeo de Gernika en 1937 destruye cualquier documentación), un grupo de borrachos prende fuego a las figuras en las fiestas de San Roque de aquel año.

Hay que esperar hasta 1915 para volver a encontrar referencias sobre la imaginería festiva en el municipio. En un carteo entre el Ayuntamiento de Lekeitio y el de Gernika (en el que el municipio costero solicita la presencia de los recién adquiridos gigantes, cabezudos y Gargantúa en sus fiestas de San Antolín), el Ayuntamiento de Gernika responde que, siendo cierta la adquisición de *«seis Gigantes, cuatro Cabezudos y un Gargantúa»*, que vendrán a costarle, con los trajes incluidos, *«unas 5.000 pesetas»*, los cuales *«fueron confeccionados para otra población, pero como quedase con ellos la casa constructora, por causas que no son del caso enumerar en este lugar, los adquirió este Ayuntamiento aprovechando esa ocasión»*[148], no accede a la cesión de las figuras al no haber sido adquiridas para alquilar a municipios vecinos.

Construidos por los artistas bilbainos Basterra y Larrea, son estrenados en las fiestas de ese mismo año. Tanto los gigantes como los cabezudos son prácticamente idénticos a los de Bilbao, al igual que hacen con los de Donostia o Llodio, tomando los mismos modelos

Gigantes, cabezudos y Gargantúa en desfile, hacia 1920. *Archivo Gernikazarra.*

para todos ellos. *«Los Gigantes y Cabezudos comprados por el Ayuntamiento, magníficos, y honran el taller de los señores Larrea, donde me dicen fueron adquiridos, si bien sus trajes (los de los gigantes), aun cuando son de esmerada confección, dejan mucho que desear*

147. UNAMUNO, Miguel de: *De mi país*. 1903 (pág. 10).
148. IRIGOIEN, Iñaki; GAMINDE, Jon: *Gigantes y cabezudos en Bizkaia*. 1998 (pág. 30).

El estreno de los gigantes, cabezudos y Gargantúa es recogido en la prensa de la época. *Novedades: revista semanal ilustrada* (29-08-1915).

en cuanto a propiedad»[149]. En 1922 se confeccionan nuevos trajes para todas las figuras[150]. Celestina Agirreelezpeiti es la encargada del mantenimiento de los ropajes, por lo que percibe 20 pesetas de sueldo diario[151].

Continúan animando las fiestas de la Villa hasta el estallido de la Guerra Civil, no sobreviviendo al bombardeo de 1937, pereciendo calcinados en la Alhóndiga Municipal donde reposaban.

· · · · · · · · ·

149. *Euzkadi.* 23 de agosto de 1915 (pág. 4).
150. *El Correo Español - El Pueblo Vasco.* 20 de julio de 1922.
151. *Aldaba Aldizkaria.* Gigantes, cabezudos y Gargantua en Gernika. nº 194. 2016 (pág. 40).
152. *El Correo Español - El Pueblo Vasco.* 3 de agosto de 1946 (pág. 2).
153. *El Correo Español - El Pueblo Vasco.* 12 de abril de 1985.

En 1946 el Ayuntamiento adquiere una pareja de Reyes Católicos y varios cabezudos a la casa El Ingenio (Barcelona): «*La Casa Conchi ha terminado la confección de los trajes de los nuevos cabezudos, esperándose la llegada, de un momento a otro, de los gigantes*»[152]. Continúa esta pareja hasta finales de los años 70.

Con las anteriores figuras ya desechadas, el Ayuntamiento aprueba en abril de 1985 el encargo de unos nuevos bultos al constructor Pedro Goiriena. El artista presenta los bocetos de dos gigantes, inspirados en el besamanos de Mendieta con indumentarias del siglo XV-XVI, cuatro cabezudos (pareja de muchachos vizcainos del siglo XVI, mujer de Bilbao y pastor de las Landas) y una pareja de zaldikos. El coste de todas las figuras asciende a 655 000 pesetas[153], siendo presentados el 15 de agosto de 1985 en las fiestas de la localidad. La pareja de gigantes sufre un importante arreglo en 2004 por parte de Kukubiltxo, así como nuevas indumentarias, obra de Nati Ortiz de Zarate.

Tras recuperar la figura del Gargantúa en 2017, el Ayuntamiento se propone hacer lo propio con los gigantes desaparecidos en 1937. Para ello encarga a Xabier Garate (Irun) la construcción de las parejas representantes de Europa, Asia y África, a la que se añade otra más, simbolizando a América. El coste total de las figuras es de 45 738 euros y hacen su estreno el 8 de agosto de 2018.

Gigantes construidos por El Ingenio junto a los txistularis en 1947. *Archivo Gernikazarra.*

PERSONAJES DEL SIGLO XV-XVI

Constructor: Pedro Goiriena (Sopuerta, Bizkaia)
Fecha de presentación: 15 de agosto de 1985

REYES EUROPEOS

Constructor: Xabier Garate (Irun, Gipuzkoa)
Fecha de presentación: 4 de agosto de 2018

PAREJA DE ASIÁTICOS

Constructor: Xabier Garate (Irun, Gipuzkoa)
Fecha de presentación: 4 de agosto de 2018

PAREJA DE AFRICANOS

Constructor: Xabier Garate (Irun, Gipuzkoa)
Fecha de presentación: 4 de agosto de 2018

PAREJA DE AMERICANOS

Constructor: Xabier Garate (Irun, Gipuzkoa)
Fecha de presentación: 4 de agosto de 2018

Gernika

Getxo

En 1944 se encuentran figuras festivas por primera vez: «*(...) recorrerán las calles de Neguri la Banda de Tamborileros y los Cabezudos*»[154]. El historiador Karla Llanos del blog *Memorias de Getxo* aporta más información sobre estos personajes: continúan únicamente los cabezudos durante décadas, adquiriéndose nuevas cabezas en 1956 al *Gran Bazar de la Ville de Paris*, del hijo de Carlos San Gregorio, de Bidebarrieta nº3 (Bilbao)[155] y más adelante, en 1964, «*2 Caballos con falda modelo 8 y 4 Cabezudos con sus túnicas respectivas, modelos 31-33-115 y 215*»[156] a la casa El Ingenio de Barcelona.

Los gigantes aparecen por primera vez en 1959, «*Para los Gigantes 2.800 pesetas, para su vestimenta 9.000 pesetas (...)*»[157] adquiriendo una pareja de gigantes a la empresa Industria Juguetera Recacha (Zaragoza). Estas figuras participan en las fiestas hasta 1978, año en que la Comisión de Fiestas encarga, a la misma casa constructora ya denominada Aragonesa de Fiestas, cuatro figuras representando a una pareja de dantzaris (Txomin y Lourdes), un arrantzale (Lorentzo) y una sardinera (Isabel). Se mantienen activos hasta los años 90, momento en el que son apartados y abandonados en dependencias municipales. En el año 2000, el grupo de danzas Agurra Dantza Taldea contacta con el aula local de cultura con el objetivo de recuperar las destrozadas figuras, hecho que se hace realidad en 2003 tras la reparación por parte de Kukubiltxo. Desde entonces no han faltado en fiestas o en concentraciones de gigantes locales, algunas de ellas incluso fuera de Bizkaia, como la de Miranda de Ebro.

En lo referente a los cabezudos, en la década de los 80 el artista barakaldés Pedro Goiriena construye cuatro, restaurados en 1997 por el colectivo Eskubeltz. En unas fiestas, las cabezas estando en la acera a la espera de ser recogidas, son robadas, en paradero desconocido hasta hoy salvo una de ellas que aún se conserva y es conocida como "el niño". Ante esta situación el Ayuntamiento adquiere seis nuevos cabezudos creados por Xabier Garate de Irun.

154. *Programa de festejos: verano de 1944*. Liburuklik Patrimonio bibliográfico digitalizado. 1944.
155. *Expediente de Gastos de los Festejos de 1956*. Archivo Municipal de Getxo. 1956.
156. *Expediente de Fiestas de 1964: Código 2874, Signatura 1491-1*. Archivo del Ayuntamiento de Getxo.
157. *Expediente de Fiestas de 1964: Código 2874, Signatura 1491-1*. Archivo del Ayuntamiento de Getxo.

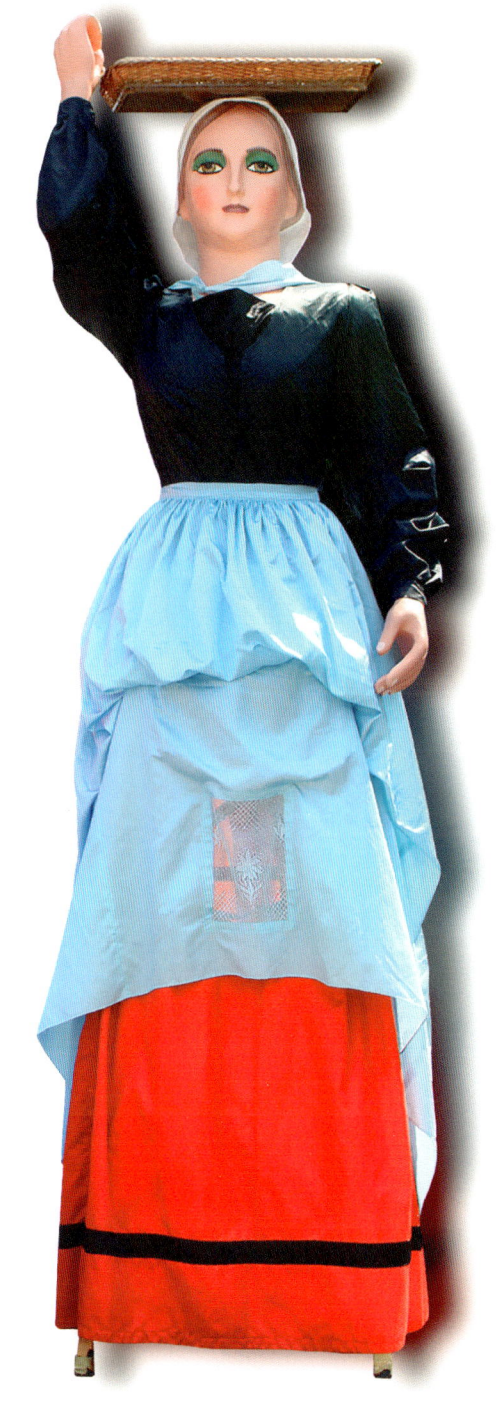

LORENTZO

ISABEL

Constructor: Aragonesa de Fiestas (Zaragoza)
Año de construcción: 1978

TXOMIN

LOURDES

Constructor: Aragonesa de Fiestas (Zaragoza)
Año de construcción: 1978

Getxo

Gorliz

En una antigua fotografía datada en los años 30-40 en la que se muestra una vista general de las fiestas de la localidad costera se aprecia al fondo una pareja de gigantes emulando una pareja de aldeanos. Esta representación se repite en las décadas posteriores, variando las figuras, pero no su identidad.

En la década de los 60 se adquiere una serie de cabezudos a Artesanía Mirete (Murcia), colocando dos de ellos (la pareja de caseros) sobre armazones de construcción artesanal, imitando así dos gigantes.

A finales de la década de los 80 son sustituidos por una nueva pareja representando los mismos personajes y repitiendo el mismo estilo de cabezudo sobre cuerpo creado por los propios vecinos. Estos antiguos gigantes aún se mantienen en activo en las fiestas de julio. El gigante lo adquiere la cuadrilla *Los Urris*, simbolizando a un escocés, indumentaria característica de la cuadrilla. La gigante, por su parte, es propiedad del grupo *Kukulu*. Asimismo, hace acto de presencia la gigante Dora de la cuadrilla *PK2*, remodelada por Javier Obregón *Tarzi* en el año 2012, y acompaña también un gigante que simboliza a un burro, propiedad de la cuadrilla *Astondo*.

Los actuales gigantes municipales son obra de Kukubiltxo, construidos en el año 2007. Sustituye a la antigua pareja por una más renovada, repitiendo la representación de los personajes.

Gigantes y cabezudos en la bajada de fiestas. Década de 1970. *Fondo familiares Aitor Gorrotxategi. Filmoteca Vasca - Euskadiko Filmategia.*

Al fondo primeros gigantes de Gorliz. Década de 1930-40. *Archivo Borja Romero y Aitor Santamaria.*

PAREJA DE ALDEANOS

Constructor: Kukubiltxo (Larrabetzu, Bizkaia)
Año de construcción: 2007

ESCOCÉS (LOS URRIS)

SORGINA (KUKULU)

DORA (PK2)

BURRO (ASTONDO)

Gorliz

Larrabetzu

Larrabetzu posee una gigantilla, denominada Akermari, creada por Kukubiltxo en 2009 a la cual se une, al año siguiente, una pareja de cabezudos. Actualmente los acompañan otros dos cabezudos, simbolizando una bruja y un Akerbeltz. En ocasiones pasea junto a Akermari una pareja de gigantes de creación artesanal. En las fiestas de agosto de 2022 Akermari estrena nueva indumentaria.

Los cuatro cabezudos en las fiestas de la localidad en 2022. *Autores: Borja Romero y Aitor Santamaria.*

AKERMARI

Constructor: Kukubiltxo (Larrabetzu, Bizkaia)
Año de construcción: 2009

Leioa (Lamiako)

Desde 1979 ha paseado por el municipio una pareja de Lamias las cuales han ido variando de aspecto según la época, todas ellas de construcción artesanal. Las Lamias son seres mitológicos con un bello aspecto femenino y con pies de pato o gallina que peinan sus largas melenas con peines de oro al borde de los ríos o lagos vascos.

Tras continuas reuniones, en 2015 Lamiako Maskarada Taldea llega a un acuerdo con el Ayuntamiento del municipio para la compra de una nueva pareja de Lamias y de cuatro cabezudos, todos ellos obra de Xabier Garate (Irun).

La imagen de las Lamias ha variado con el paso de los años. *Autores: Lamiako Maskarada.*

PAREJA DE LAMIAS

Constructor: Xabier Garate (Irun, Gipuzkoa)
Año de construcción: 2015

Lekeitio

La tradición de gigantes en Lekeitio es bastante extensa. En 1915 compra, al Ayuntamiento de Zumaia, una pareja de gigantes y otra de cabezudos que el municipio guipuzcoano quería vender tras comprarlos solo dos años antes. Los adquiere por 125 pesetas y es un hecho comentado en el pueblo costero tal y como indican los programas festivos de la época: *«A las ocho recorrerán la Villa, exhibiéndose por primera vez Gigantes y Cabezudos acompañados de chistu y tamboril»*[158]. Según las diversas cartas entre los dos Ayuntamientos, se da a entender que se trata de dos cabezudos (construidos en Sevilla, en casa de José Cubas)

Antiguos gigantes y cabezudos de Lekeitio en la década de 1940. *Autora: Begoña Perea, cedida por Jabi Aranguena.*

sobre una estructura creada en el propio municipio de Zumaia. Como curiosidad, los gigantes eran denominados por la gente don Terentzio y doña Tomasa, influenciados por los gigantes bilbainos, pese a no tener éstos relación alguna con los gigantes de Lekeitio. Esta pareja se mantiene en activo hasta el estallido de la Guerra Civil.

Tras años sin gigantes en las escasas fiestas celebradas en la posguerra, en mayo de 1943 el Ayuntamiento adquiere a Industrial Bolsera S.A. (Barcelona) seis cabezudos y sus correspondientes trajes por un total de 1 248 pesetas. Vuelve a repetirse la construcción de dos armazones y sobre los mismos se colocan dos cabezas, creando así una nueva pareja de gigantes. Ya en 1951, el Consis-

158. IRIGOIEN, Iñaki; GAMINDE, Jon: *Gigantes y cabezudos en Bizkaia*. 1998 (pág. 31).

torio compra dos gigantes sin vestir y cuatro cabezudos más a Industrial Bolsera S.A. (Barcelona) por 1 885 pesetas[159]. Los gigantes son los modelos que actualmente pasean en las fiestas de la Villa.

En 1987, debido al mal estado en el que se encuentra la pareja de gigantes, se encarga a Aragonesa de Fiestas (Zaragoza) su reparación. Sin embargo, en vista de su situación, se opta por realizar dos réplicas de los mismos. Estas no resultaron del agrado del Consistorio, a lo que se añade la dificultad para bailarlos debido a su estructura. Ante esta situación, se adaptan las viejas cabezas de los gigantes las cuales se encontraban en dependencias municipales. Si bien es cierto que la actual cabeza de don Terentzio es una réplica, doña Tomasa mantiene su cabeza original[160].

Tras años en los que don Terentzio y doña Tomasa pasean solos por las calles, el 28 de junio de 2019 se presenta en la localidad costera la nueva pareja de gigantes, obra del artista gipuzkoarra Xabier Garate (Irun) y con un coste de 13 000 euros. Son Antero y Juana Parla, completando así el séquito de cuatro gigantes de la localidad. Además, también se da a conocer al nuevo cabezudo: un ganso que expulsa agua. Ya para entonces contaban con cuatro cabezudos construidos por Kukubiltxo en 2008.

Lekeitio cuenta con un cabezudo en honor a los gansos, tradición centenaria en la localidad. *Autores: Borja Romero y Aitor Santamaria.*

Luis Antero Salinas

Conocido especialmente por la famosa canción "Antero txamarrotia" nace en Lekeitio el 19 de agosto de 1874. Marinero de profesión, participa en la guerra de Cuba, falleciendo el 14 de diciembre de 1955. Es un símbolo de las fiestas de septiembre donde, en un primer momento, aparece representado en un muñeco de trapo bajando desde el campanario hasta el ayuntamiento. Ya ahí el personaje es encarnado por una persona quien da inicio a las fiestas.

Juana Parla

Representa a una redera, oficio centenario y artesanal en el que las mujeres confeccionan y mantienen las artes y aparejos de pesca.

· · · · · · · · ·

159. Archivo Municipal de Lekeitio. L137 (1951).
160. BLANCH, Pau: "Gigantes y cabezudos en Lekeitio". *Kurik* nº 4. 2021 (pág. 58).

DON TERENTZIO

DOÑA TOMASA

Constructores: El Ingenio (Barcelona), Aragonesa de Fiestas (Zaragoza)
Año de construcción: 1951

ANTERO

JUANA PARLA

Constructor: Xabier Garate (Irun, Gipuzkoa)
Fecha de presentación: 28 de junio de 2019

Los gigantes de la ikastola en la concentración de gigantes organizada en Lekeitio el 6 de septiembre de 2023. *Autores: Borja Romero y Aitor Santamaria.*

Resurrección M. de Azkue Ikastola

La ikastola Resurrección M. de Azkue posee, desde el año 2018, gigantes propios, bailados por los alumnos del centro en festividades escolares o en eventos importantes de la localidad.

Construidos por el propio alumnado, representan oficios de la tierra tales como un pescador (Gregorio) y una sardinera (Saregilea), así como una pareja de aldeanos (Euskalduna y Afrikarra).

Resurrección M. de Azkue Ikastola ▶

GREGORIO

SAREGILEA

Constructores: alumnado de la ikastola
Año de construcción: 2018

EUSKALDUNA

AFRIKARRA

Constructores: alumnado de la ikastola
Año de construcción: 2018

Lekeitio

Markina

Los gigantes son ya algo tradicional en la Villa de Markina. En junio de 1928 adquiere dos cabezas de gigantes (con sus correspondientes manos) y otras dos cabezas de cabezudos a la casa J. Millat de Barcelona[161]. La indumentaria, por su parte, es obra de Martina Barinaga, vecina de Markina, quien recibe por tal encargo 250,45 pesetas[162]. Si bien es cierto que en noviembre de 1927 consta un pago de 190 pesetas a Jesús Benito y a Martín Grande por «*confección de maniquís para gigantes*»[163], no hallamos menciones a gigantes en los años anteriores. Se desconoce si hubo alguna generación de figuras anterior o se trata de los armazones para las cabezas adquiridas en 1928.

En 1941 los cabezudos viajan a la localidad de Mutriku (Gipuzkoa) para animar sus fiestas, y se hace lo propio con los gigantes y los cabezudos, esta vez como cesión al Ayuntamiento de Ondarroa[164]. Al año siguiente se encuentra la compra por parte del Ayuntamiento ondarrés de «*siete cabezudos a la casa Mirete Rubio de Murcia, dos de ellos para devolver al Ayuntamiento de Markina (...)*»[165], con lo que da a entender que las figuras sufren algún tipo de desperfecto y el consistorio de Ondarroa regala dos cabezas en compensación, más teniendo en cuenta que, en el momento de la cesión

de las figuras el Consistorio de Markina avisaba que los posibles desperfectos serían sufragados por los Ayuntamientos solicitantes. Ese mismo año, además, se renuevan los trajes de los gigantes, siendo Serafina Lejardi la encargada de dicha tarea, percibiendo 165 pesetas[166]. En vista de estos datos podemos pensar que se crea una nueva pareja de gigantes repitiendo en forma a las anteriores figuras, es decir, una pareja de cabezudos sobre una estructura artesanal.

Años más tarde, en 1953, vuelven a encargarse nuevas indumentarias para los gigantes y cabezudos. En esta ocasión corren a cargo de la tienda de Abascal, con un coste de 405 pesetas[167]. El paso de los años, sin embargo, hace mella en los gigantes y, en 1961[168] ya se encuentran deteriorados. El Ayuntamiento se plantea la compra de los antiguos gigantes de Bilbao, enviando un representante a la capital vizcaina para realizar las gestiones oportunas, recibiendo la negativa del Consistorio bilbaino al no tener dispuesto nada en ese sentido[169].

Para 1964 ya se había adquirido una nueva pareja de gigantes, así como varios cabezudos, obra de Industria Juguetera Recacha (Zarago-

161. Actas Ayuntamiento - Archivo Municipal de Markina. 8 de junio de 1928 (pág. 21).
162. Actas Ayuntamiento - Archivo Municipal de Markina. 31 de agosto de 1928 (pág. 32).
163. Actas Ayuntamiento - Archivo Municipal de Markina. 11 de noviembre de 1927 (pág. 395).
164. Actas Ayuntamiento - Archivo Municipal de Markina. 21 de julio de 1941 (pág. 364).
165. Archivo Municipal de Ondarroa. 26 de abril de 1942.
166. Actas Ayuntamiento - Archivo Municipal de Markina. 15 de octubre de 1942 (pág. 8).
167. Actas Ayuntamiento - Archivo Municipal de Markina. 5 de mayo de 1953 (pág. 100).
168. Actas Ayuntamiento - Archivo Municipal de Markina. 23 de junio de 1961 (pág. 202).
169. Actas Ayuntamiento - Archivo Municipal de Markina. 29 de junio de 1961 (pág. 211).

za) aunque aún se mantenían los antiguos gigantes, quienes, por problemas de espacio, fueron trasladados al edificio municipal de Arretxinaga[170], donde suponemos desaparecieron fruto del abandono.

La actual pareja de aldeanos es obra de Aragonesa de Fiestas (Zaragoza) a finales de los años 70. Tras años en activo, la estructura del aldeano se deteriora, provocando que se inclinara hacia adelante, con lo que poder portarlo resulta tarea complicada. Ante esta situación, en 2013 el Ayuntamiento se deshace del antiguo gigante y adquiere a Aragonesa de Fiestas una nueva figura. En el año 2017 compra otro gigante a la misma casa constructora en homenaje a los cestapuntistas del Jai Alai, deporte que cuenta con una gran tradición en Markina. Actualmente acompaña a las figuras un gigante de menor altura caracterizado como un cocinero y de nombre Kokote, de construcción artesanal.

Como homenaje a la raquetista Conchita Bustinduy (Berriatua, 1928) y en reconocimiento por su aportación al colectivo femenino, el 10 de febrero de 2024 se presenta en sociedad la gigante Conchita. Además, se une a la comparsa la gigante *txiki* Zerutxu, ambos obra del artesano Mikel Ibarzabal (Urretxu).

El grupo de danzas Zerutxu Dantza Taldea ha sido, durante años, el encargado de bailar a los gigantes en las fiestas de la localidad. En 2022, la asociación de padres Markina Xemeingo "Batetaratze" Guraso Elkartea toma el relevo de dicha tarea.

Gigantes en las fiestas de Markina de 1933. *Autor: Indalecio Ojanguren. Archivo Borja Romero y Aitor Santamaria.*

· · · · · · · · ·

170. Actas Ayuntamiento - Archivo Municipal de Markina. 9 de septiembre de 1964 (pág. 273).

AITTITTE ZAHARRA

Constructor: Aragonesa de Fiestas (Zaragoza)
Año de construcción: 2013

AMAMA ZAHARRA

Constructor: Aragonesa de Fiestas (Zaragoza)
Fecha de construcción: década de los 70

ZESTALARI *ELORRIO*

Constructor: Aragonesa de Fiestas (Zaragoza)
Año de construcción: 2017

CONCHITA

Constructor: Mikel Ibarzabal (Urretxu, Gipuzkoa)
Fecha de presentación: 10 de febrero de 2024

KOKOTE

Constructor: creación artesanal
Año de construcción: 2023

ZERUTXU

Constructor: Mikel Ibarzabal (Urretxu, Gipuzkoa)
Fecha de presentación: 10 de febrero de 2024

Markina

Mundaka

En la década de los 60 constan en los programas festivos los cabezudos, no así los gigantes. Hay que esperar hasta la década de los 70 para ver las primeras referencias sobre gigantes. Se trata de una pareja de elaboración artesanal, algo habitual en la época donde las figuras eran, generalmente, un cabezudo sobre un cuerpo realizado por los propios vecinos. En este caso, las cabezas fueron obra de Artesanía Mirete (Murcia).

En 2019, dentro del programa de sus clásicos *aratusteak* (carnavales), son presentados los dos nuevos gigantes, Atorra y Lamia, obra de Mikel Ibarzabal (Urretxu, Gipuzkoa) representando precisamente a dos personajes típicos del carnaval del lugar. El municipio cuenta, además, con diecisiete cabezudos modelo Artesanía Mirete (Murcia) y de El Ingenio (Barcelona).

Atorra

Grupo de hombres que, ataviados con una funda de almohada blanca en la cabeza y dos faldas también blancas, cantan en el día grande de sus carnavales junto a músicos y un director vestido de negro con chaqué y chistera. El origen de su indumentaria, según cuenta la leyenda, es debido a un mundakes, que tenía una amante, al cual el marido de la misma pilló en casa, con lo que tuvo que salir corriendo del lugar vistiéndose con las sábanas de la cama y la funda de la almohada para taparse la cara y que no le reconocieran.

Lamia

En los años 70 un grupo de mujeres del pueblo, al ver que no había representación femenina en los carnavales, deciden crear esta nueva tradición echando mano de la mitología vasca, optando por los personajes de las lamias. Al contrario que los Atorrak, ellas van vestidas completamente de negro. Recorren las calles cantando y bailando al compás que marca la directora.

Un total de diecisiete cabezudos acompañan a los gigantes en su salida de carnavales. *Autores: Borja Romero y Aitor Santamaria.*

ATORRA

LAMIA

Constructor: Mikel Ibarzabal (Urretxu, Gipuzkoa)
Año de construcción: 2019

Ondarroa

A lo largo de los años han sido varias las sagas de gigantes y cabezudos que han animado las fiestas populares de la localidad marinera de Ondarroa. En 1927 se documenta el pago de 54,50 pesetas *«por media docena de globos y figuras grotescas»*[171] a J. Millat de Barcelona, quien, entre otros productos, confeccionaba cabezas para gigantes o cabezudos (tal y como hizo un año después en Markina). Sin embargo, no ha sido posible conocer a qué tipo de figuras se refieren.

Dos años más tarde, en julio de 1929, el Ayuntamiento solicita datos *«para adquirir un equipo de cuatro gigantes y tres cabezudos»*[172]. No se lleva a cabo tal pedido, sino que compra cuatro cabezudos a El Ingenio de Barcelona por 165 pesetas[173] y solicita al Ayuntamiento de Lekeitio la cesión de sus gigantes. Rosario Urresti se encarga de confeccionar las indumentarias de los cabezudos, por lo cual percibe 66,25 pesetas. Los encargados de llevar los cabezudos, por su parte, reciben 25 pesetas[174].

Con motivo de la Guerra Civil se paraliza cualquier festividad. No es hasta 1941 cuando gigantes y cabezudos vuelven a pasear por las calles, en este caso cedidos por el Ayuntamiento de Markina. Al año siguiente, el Consistorio encarga *«siete cabezudos a la casa Mirete Rubio de Murcia, dos de ellos para devolver al Ayuntamiento de Markina y los restantes que queden en la Villa para recreo en las fiestas patronales»*[175]. El precio de cada una de las cabezas es de 24,50 pesetas. Al igual que en otras localidades, el precio por adquirir cabezudos y construir los cuerpos en la propia localidad era mucho más económico que comprar un gigante completo. Este es el caso de Ondarroa: mientras que Beitia e Iparraguirre se encargan de realizar los armazones para los gigantes (165 pesetas)[176], Carmen Aldazabal confecciona los vestidos para las figuras (63 pesetas)[177]. Estos gigantes resultan ser, además, bastante viajeros, ya que visitan localidades como Durango (en 1943) o Legazpi (en el año 1945)[178].

171. Archivo Municipal de Ondarroa. Libro de actas del año 1927 (pág. 7).
172. Archivo Municipal de Ondarroa. 14 de julio de 1929 (pág. 75).
173. Archivo Municipal de Ondarroa. 25 de agosto de 1929 (pág. 79).
174. Archivo Municipal de Ondarroa. 15 de septiembre de 1929 (pág. 80).
175. Archivo Municipal de Ondarroa. 26 de abril de 1942.
176. Archivo Municipal de Ondarroa. 10 de agosto de 1942.
177. Archivo Municipal de Ondarroa. 9 de junio de 1942.
178. Archivo Municipal de Ondarroa. 30 de noviembre de 1945.

En 1951 se adquiere una pareja de Reyes Católicos[179]. Años más tarde, en 1954, el Ayuntamiento compra a la casa El Arca de Noé (Madrid) ocho cabezudos por un total de 1 020 pesetas[180]. Su cuidado no debía de ser el más idóneo, ya que existen varias facturas de reparaciones y cuidados, como se detalla a continuación: En 1954 Carmelo Iriondo se encarga de la confección del vestuario de los gigantes y cabezudos (300 pesetas) gracias a las telas adquiridas a Rafael Lavín (1 169 pesetas)[181]. Tan solo dos años más tarde, Consuelo Iriondo confecciona nuevos trajes para los gigantes (400 pesetas)[182] y el señor Fontano se encarga del arreglo de los mismos (35 pesetas)[183].

Continúan en activo hasta mediados de la década de los años 60. Resalta la denominación de los gigantes en los programas festivos a los que se refieren como *"gixon luze"* (hombre largo). En 1964 el Ayuntamiento vuelve a encargar una remesa de cabezudos a la casa El Arca de Noé (Madrid) por 2 200 pesetas a las que se suman otras 1 360 pesetas por los ropajes de las figuras, obra de Rafael Lavín[184].

Existe otra pareja, más cercana a la cultura ondarrutarra, que representa a un arrantzale y a una sardinera, construida por el artista valenciano Vicente Luna, adquirida por la asociación Txomin Agirre, quienes aún la conservaban en la década de los años 90[185].

Hoy en día pasean por las calles cuatro gigantes construidos en 1983 por la asociación *Artelan-Kaiondo Elkartea*. Junto a ellos se fueron uniendo infinidad de cabezudos y de marionetas los cuales pasean en actos ligados a la cultura vasca, reposando durante el año en los escaparates de los diversos negocios de la localidad ondarresa.

· · · · · · · · ·

179. *Dossier Ondalan Erraldoien Konpartsa*. 2007 (pág. 8).
180. Archivo Municipal de Ondarroa. 13 de julio de 1954 (pág. 376).
181. Archivo Municipal de Ondarroa. 5 de agosto de 1954 (pág. 34).
182. Archivo Municipal de Ondarroa. 1 de agosto de 1956 (pág. 39).
183. Archivo Municipal de Ondarroa. 5 de diciembre de 1956 (pág. 52).
184. Archivo Municipal de Ondarroa. 2 de septiembre de 1965 (pág. 330).
185. *Dossier Ondalan Erraldoien Konpartsa*. 2007 (pág. 8).

EUSEBIO

BITTORI

Constructor: Artelan-Kaiondo Elkartea (Ondarroa)
Año de construcción: 1983

PAREJA DE ARRANTZALES

Constructor: Artelan-Kaiondo Elkartea (Ondarroa)
Año de construcción: 1983

Orduña

Los gigantes pasean por primera vez en 1913 con motivo de la festividad de la Purísima Concepción, cedidos por el Ayuntamiento de Llodio[186].

Gracias a la labor del historiador de la Ciudad de Orduña, Txetxu Lambarri, se encuentra en 1920 una fotografía de los catálogos de alumnos de los cursos 1920, 21 y 22 del colegio de Nuestra Señora de la Antigua Orduña, donde se muestra una pareja de gigantes (imaginamos de creación artesanal) en los carnavales allí celebrados. El citado catálogo dice así: *«Alegres y divertidos, como siempre, una nota festiva desusada resaltó entre las demás: las serpentinas, enlazan ventanas y balcones, en tupida red de graciosas*

Gigantes en Orduña en 1920. *Catálogo del colegio Nuestra Señora de la Antigua.*

espirales y los gigantes y cabezudos, en su marcha triunfal por patios y cobertizos, propinaron, según costumbre, su tanto por ciento de vejigazos a cuantos estorbasen el paso».

Coincidiendo con el 9º aniversario de la coronación de la virgen de Orduña *La Antigua* y el cincuentenario de la construcción del monumento erigido en el Txarlazo, el Ayuntamiento aprueba la compra de una pareja de gigantes para celebrar tal conmemoración. La propuesta sale a concurso al cual únicamente se presenta Casa Castellote de Valencia. El 5 de septiembre de 1954, a las doce y media de la mañana, el programa festivo recoge: «*Saldrán por vez primera a escena los gigantes reyes,*

Gigantes, cabezudos y Bihotza en las fiestas de Ochomayos de la década de 1980. *Archivo Bihotza Konpartsa.*

cuya egregia pareja de figura prócer, lujosamente ataviada, inaugurará su triunfal aparición (...)». La pareja representa a Fernando II de Aragón e Isabel I de Castilla, los Reyes Católicos, cuyo coste asciende a 12 300 pesetas. Ya existe para entonces un grupo de cabezudos adquiridos a la casa El Ingenio de Barcelona un año antes a los que se les denominaba *Oremos*, el negro *Rafael*, *Titina* y *Tilma*.

En 1958 se une una nueva serie de cabezudos de la casa Mirete Rubio (Murcia) que aún se conservan. Sus nombres son: *La mona Lisa*, *El chino mandarín*, la vasca *Brígida*, *Elsa* y *El Madas*. Años más tarde, en 1971, se incorpora una pareja de gigantes de Industria Juguetera Recacha (Zaragoza) ataviada con trajes típicos vascos, junto a los cabezudos *Krusty* el payaso y el demonio *Antonio*. Completan el séquito los cabezudos adquiridos en 1985 a la casa Aragonesa de Fiestas: *La mujer del Coro*, el bombero *Zambonbero*, *Mari la bruja*, *Pacho el borracho* y el aldeano *Macario*. Durante años conviven las

dos parejas de gigantes. Sin embargo, entrada la década de los 80 la pareja de Reyes Católicos pierde protagonismo por su deterioro y mayor peso, haciendo acto de presencia únicamente la pareja de baserritarras. Esta pareja descansa en La Aduana, donde, en 1991, son objeto de un acto vandálico y son destrozados, poniendo punto final a veinte años de existencia. En los años posteriores son rescatados los Reyes Católicos, continuando en activo hasta 1995, año en que son nuevamente almacenados.

En 2002, Bihotza Konpartsa (constituida un año antes) recupera estas figuras del olvido, siendo restauradas por Kukubiltxo con un coste de 3 500 euros y presentadas en las fiestas de ochomayos del mismo año. Dos años después y en homenaje a la pareja de dantzaris desaparecida en 1991, Xabier Garate realiza una pareja ligada a las danzas de Bizkaia: él como ezpata-dantzari y ella como arku-dantzari, presentados el 2 de mayo. Además, los antiguos re-

. . . .

186. *El Liberal*. 10 de diciembre de 1913 (pág. 2).

yes sufren una nueva reparación y estrenan trajes, recuperando la vestimenta original de 1954. Para completar el séquito, se une una nueva pareja de dantzaris el 30 de abril de 2016, representando esta vez la makil dantza y la zinta-dantza guipuzcoana, obra de nuevo del artista irundarra Xabier Garate. Del mismo autor son los cabezudos *Txomin el sereno* (2004), *Benita zaspi zaspi* (2013) y *Morrillón* (2017). Además, en el año 2013 recupera los antiguos cabezudos orduñeses de principio de la década de los 50.

Acompaña a la comparsa un personaje que actualmente simboliza sus fiestas, los ochomayos, y del cual la asociación toma su nombre. Se trata de Pantaleón de Aguinaga Olavarría, *Bihotza*. Nacido en Orduña en 1838 y de profesión zapatero, ocupa, en 1862, la plaza bacante de su padre como tamborilero de la ciudad. El 23 de octubre de 1864 es nombrado por el Ayuntamiento tamborilero municipal, ejerciendo el cargo durante cuarenta y cinco años hasta su muerte en 1909 a consecuencia de un derrame cerebral.

Antiguos cabezudos de Orduña en la década de 1950. *Archivo Bihotza Konpartsa.*

La antigua y actual *Batibomba. Archivo Bihotza Konpartsa.*

Distinguido por su característica indumentaria, siempre con camisa blanca, chalina, levita y sombrero de media copa es, sin duda, el txistulari más famoso que ha tenido la ciudad de Orduña. Sus obligaciones como txistulari consistían en acompañar a los mandatarios del Ayuntamiento en las grandes ocasiones, así como dar ritmo a lo bailables que se celebraban en la plaza pública las tardes festivas. En 2019 se coloca una placa en el edificio número 8 de la calle Burgos Kalea, lugar donde residía el peculiar personaje. Desde 1978 es el símbolo de las fiestas, el cual perece quemado cada año al finalizar los Ochomayos.

Llama igualmente la atención el personaje de *La Batibomba*, una especie de gigantilla que acompaña a la comparsa haciendo toda clase de travesuras. *Batibomba* nace en 1987 y es renovada por Xabier Garate en 2005.

REYES CATÓLICOS

Constructor: Casa Castellote (Valencia)
Fecha de presentación: 5 de septiembre de 1954

EZPATA-DANTZARIA

ARKU-DANTZARIA

Constructor: Xabier Garate (Irun, Gipuzkoa)
Fecha de presentación: 2 de mayo de 2004

MAKIL DANTZARIA

ZINTA-DANTZARIA

Constructor: Xabier Garate (Irun, Gipuzkoa)
Fecha de presentación: 30 de abril de 2016

BIHOTZA

Constructor: Xabier Garate (Irun, Gipuzkoa)
Año de construcción: 2005

Orduña

Ortuella

No hallamos presencia de gigantes en Ortuella anterior a las actuales figuras. No obstante, sí se encuentran referencias de cabezudos, que ya en 1942 sembraban el pánico entre los más pequeños en las fiestas de San Félix. Gracias al material gráfico existente se sabe que eran cabezudos artesanales, posiblemente realizados por algún vecino de la zona.

Actualmente y bailados por el grupo Polunpak Taldea, pasean por la zona cinco gigantes y cuatro cabezudos, todos ellos relacionados con la minería que tanta fama dio a esta zona de la Margen Izquierda. La primera pareja de gigantes se estrena en mayo de 2006. Construidos por el navarro Jesús María Ganuza, representan a un barrenador y a una *txirlera*. Años más tarde, el 5 de octubre de 2013, hacen su presentación la nueva pareja realizada por Aitor Calleja. Esta vez, los personajes elegidos son el herrero y la encar-

tuchadora. Completa el elenco el minero Patxi, creado por Carlos García en su caserío de Leioa. Con 3 metros de altura sirve como primera toma de contacto de los más jóvenes con el mundo de los gigantes. Es presentado el 18 de mayo de 2024 en las fiestas patronales de San Félix Cantalicio.

Aitor Calleja se encarga en 2017 de construir cuatro cabezudos: el minero, el capitán, el niño y la carguera, completando así la actual comparsa de Polunpak Taldea.

Cabe mencionar el gigante Zangaluzea, personaje utilizado en las bajadas de carnaval de la localidad. La cabeza y las manos son obra, nuevamente, de Aitor Calleja, siendo el cuerpo de construcción artesanal. Hace su estreno el 10 de febrero de 2018.

Cabezudos de Ortuella. *Autor: Ortuellako Polunpak Taldea.*

BARRENADOR

TXIRLERA

Constructor: Jesús María Ganuza (Burlada, Navarra)
Fecha de presentación: mayo de 2006

HERRERO

ENCARTUCHADORA

Constructor: Aitor Calleja (Markalain, Navarra)
Fecha de presentación: 5 de octubre de 2013

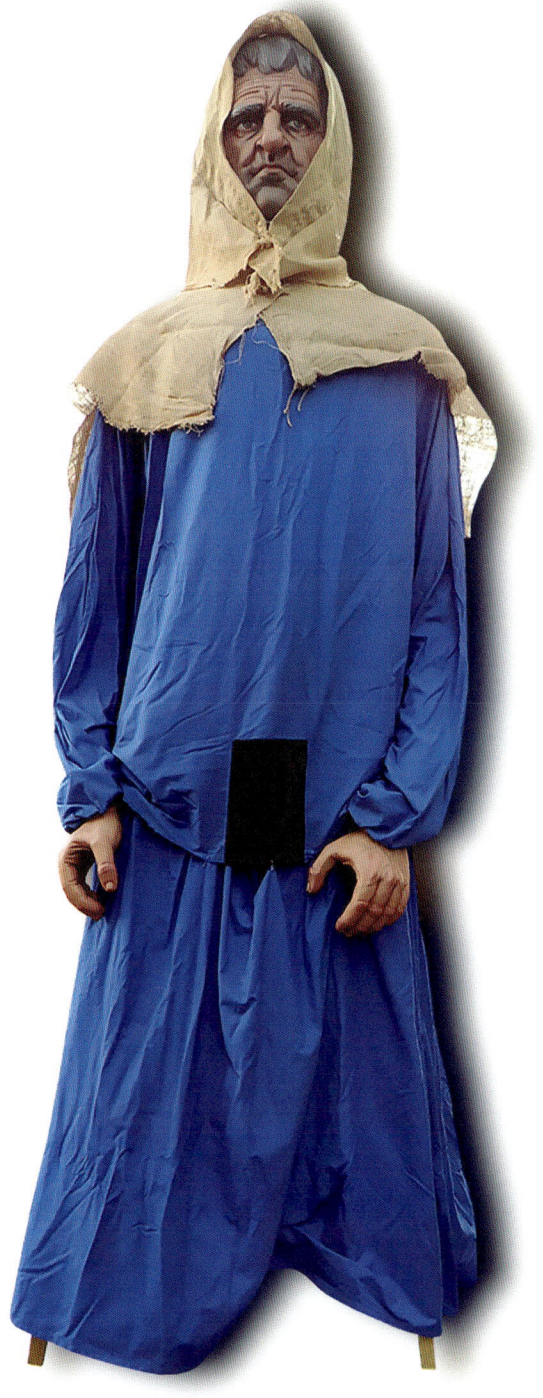

ZANGALUZEA

ructores: Aitor Calleja (busto y manos), Ortuellako Polunpak Taldea (estructura)
Fecha de presentación: 10 de febrero de 2018

PATXI

Constructor: Carlos García (Leioa, Bizkaia)
Fecha de presentación: 18 de mayo de 2024

Plentzia

La referencia más antigua la hallamos en el programa de fiestas de San Antolín de septiembre de 1887: «*Día 2 de septiembre (…) A las nueve, y precedidos de la banda de tamborileros del país, harán su entrada triunfal los famosos GIGANTES Y CABEZUDOS, recientemente llegados de ignotos países cuyo lucido personal se compondrá del ilustre general Bum-Bum y la egregia duquesa de Gerolstein (…)*»[187]. No ha sido posible concretar si se trata de figuras adquiridas a una casa constructora o cedidas por Ayuntamientos de otra localidad. Lo cierto es que vuelven a hacer acto de presencia en las fiestas de septiembre de 1889[188], tal y como lo indica el programa festivo de ese año. En 1896 únicamente constan los cabezudos[189].

Años más tarde, y ante la falta de figuras propias en Plentzia, son las de Bilbao quienes amenizan las fiestas. En 1899 es el Gargantúa quien hace las delicias de los más pequeños: «*el auténtico, cedido por el Excmo. señor Alcalde de Bilbao para estas fiestas*»[190], o en 1919 cuando todo el séquito bilbaino se desplaza hasta la localidad costera: «*Accediendo a lo solicitado por la Alcaldía de Plencia se facilitarán los Gigantes, Cabezudos y Gargantúa para que amenicen las fiestas que en los días 2, 3 y 4 del próximo septiembre se han de celebrar en aquella Villa*»[191].

Desde 1930[192] hasta mediados de la década de los años 50 consta en los programas de fiestas la presencia gigantes y cabezudos en Plentzia. Sin haber hallado facturas ni documentos gráficos, podemos aventurarnos a asegurar que se trataría de figuras de El Ingenio o de Industrial Bolsera S.A. de Barcelona, principales proveedores de gigantes y cabezudos en aquellos años. Los cabezudos siguen apareciendo en los posteriores programas, sin gigantes.

Actualmente existe una pareja de gigantes de pequeña altura representando a Antolintxu y a Madalentxu, personajes encargados del inicio de las fiestas. Las figuras recorren las calles el primer día, justo después del lanzamiento del txupin, visitando la ermita de Andra Mari de Agirre tal y como manda la tradición.

187. *El Noticiero bilbaino*. 1 de septiembre de 1887.
188. *El Noticiero bilbaino*. 27 de agosto de 1889 (pág. 1).
189. *El Nervión*. 4 de septiembre de 1896 (pág. 2).
190. IRIGOIEN, Iñaki; GAMINDE, Jon: *Gigantes y cabezudos en Bizkaia*. 1998 (pág. 30).
191. Archivo Foral de Bizkaia. BILBAO SEXTA 0107/134.
192. *El Liberal*. 25 de julio de 1930 (pág. 6).

ANTOLINTXU

Año de construcción: 2003

MADALENTXU

Año de construcción: 2007

Portugalete

En marzo de 1886, el Ayuntamiento de la Villa compra por 4 000 reales los restos de los gigantes y cabezudos que Bilbao había cedido a la Santa Casa de Misericordia, descartados al verse afectados por los desprendimientos gaseosos del cloruro cálcico. El historiador Teófilo Guiard indica que fue doña Casilda de Iturrizar la que los adquirió para su casa de verano en el muelle nuevo de Portugalete, aunque este hecho parece poco probable. El portugalujo José Luis Garaizabal Flaño realiza un extenso trabajo repasando las numerosas generaciones de gigantes en Portugalete, presentándolo en la Biblioteca Digital Portugaluja *El Mareómetro Blog*. Es de ese trabajo del que se recoge la mayoría de los datos aportados a continuación.

En 1926 el Ayuntamiento encarga, por 537 pesetas, seis cabezudos a la casa El Ingenio de Barcelona para animar sus fiestas de junio. Años más tarde, en 1935, vuelven a solicitar a la misma casa constructora otros seis cabezudos (360 pesetas) así como una pareja de gigantes sin vestir (625 pesetas). La Unión Comercial de la Villa, compuesta por comerciantes e industriales, son los encargados de los trajes de los gigantes, representando a un aldeano y a una hilandera. En 1940 añaden una nueva pareja de gigantes sin vestir, personificando la gran tradición pesquera de la Villa en un marinero y una sardinera, y media docena de cabezudos por un total de 1 906,85 pesetas. De nuevo, El Ingenio se encarga de la construcción y los comerciantes de Portugalete de la indumentaria.

A finales de los años 60 una pareja de Reyes Católicos construidos por Industria Juguetera Recacha (Zaragoza) anima las fiestas. Más tarde, en 1976, el Consistorio compra a la misma casa (ahora bajo el nombre de Aragonesa de Fiestas) la pareja de Marco Antonio y Cleopatra por un total de 108 000 pesetas. El 24 de julio de 1982, con motivo de la celebración de la festividad de Santiago, se estrenan los nuevos gigantes y cabezudos. Si bien existe un presupuesto de la Comisión de Fiestas a la empresa Aragonesa de Fiestas donde solicitan la compra de los gigantes Don Quijote y Dulcinea, además de más de veinte cabezudos, no ha sido posible hallar la cantidad abonada por tal número de figuras.

La actual pareja de aldeanos es obra de Pedro Goiriena, creados en su taller de Sopuerta y adquiridos el 9 de julio de 1986, lo que supuso un desembolso de 279 000 pesetas. En 2009 sufren un importante arreglo, sustituyendo su inestable estructura además del pintado de cara y manos. De ello se encarga Kukubiltxo por un total de 2 088 euros. Además, en 2001, se añaden siete nuevos cabezudos obra de Xabier Garate (Irun) por 2 887,44 euros, reemplazando a los antiguos cabezudos portugalujos.

Aprovechando el 700º aniversario de la fundación de la Villa de Portugalete, el Ayuntamiento encarga la construcción de una pareja de gigantes al navarro Aitor Calleja: ella representando a la fundadora de la localidad, María Díaz de Haro; él a Lope García de Salazar, banderizo e historiador vizcaino. La gigante hace su presentación el 11 de junio de 2021 mientras que él hace lo propio el 8 de mayo de 2022. Los antiguos aldeanos, además, sufren una remodelación, tanto físicamente como en su vestimenta, obra del propio taller de Calleja. Del mismo autor son las últimas figuras añadidas al conjunto de gigantes: Dionisio del Campo, *Nisio*, último palangrero de Portugalete, y doña Casilda de Iturrizar, también conocida como viuda de Epalza, quien dona parte de su fortuna a la Villa de Portugalete y a sus gentes. Son presentados oficialmente el 8 de junio de 2024.

En enero de 2023 y gracias a la colaboración de Birakari Kultur Elkartea de Sestao, se inicia un curso de aprendizaje para bailar gigantes. Tras la gran acogida, en marzo se constituye oficialmente la comparsa Zubira Buruhandi eta Erraldoi Elkartea.

A pesar de no acompañar a la comparsa y al igual que otras localidades de Bizkaia, Portugalete cuenta con la Jarrilla, gigante que, anualmente, ve modificada su indumentaria y está presente en el chupinazo que inicia las fiestas de San Roque, la cual perece quemada al finalizar las mismas. Esta tradición está presente desde las fiestas de 1989.

Antiguos gigantes de Portugalete junto a los txistularis. *ARCHIVO MUNICIPAL DE BILBAO. Fondo: La Gaceta del Norte. Autor: Cecilio. 0301_004193_F-000255-006.*

Lope García de Salazar

Nacido en Muskiz (Bizkaia) en 1399 es el banderizo más importante en Bizkaia, encontrándose, entre sus posesiones más importantes, la prebostad de Portugalete. Tras casarse en 1425 con Juana de Butrón y Múgica se traslada a la Villa de Portugalete donde tiene seis hijos y tres hijas. Tras el enfrentamiento con su hijo Juan, en 1471, fue encarcelado en la torre de Muñatones. Durante su cautiverio escribe su obra *"Istoria de las bienandanças e fortunas"* por la que es considerado como el primer historiador de Bizkaia. Fallece en 1476 en Portugalete, envenenado con hierbas en la comida junto a su hija bastarda Mencía de Avellaneda.

María Díaz de Haro

Nacida hacia el año 1270 es la décima señora de Bizkaia, accediendo al Señorío en 1289 tras la muerte de su padre Lope de Diaz III de Haro y de su hermano Diego Díaz de Haro. Años más tarde, en 1295, su tío Diego López de Haro "el intruso" (fundador de la Villa de Bilbao en 1300) le arrebata el Señorío hasta 1307, cuando la reconoce como verdadera heredera, pidiendo que la aceptaran como Señora de Bizkaia tras la muerte de él, hecho que se produce en 1310. Es la fundadora, entre otras, de la Villa de Portugalete en 1322. Martín de Coscojales, en su *Historia de Vizcaya* indica que fallece el 3 de noviembre de 1342 y que, por sus hechos, se la conoce con el sobrenombre de "La buena".

Dionisio del Campo

Conocido como *Nisio*, es el último palangrero que ha tenido Portugalete. Nacido en la Villa en el año 1908, es hijo de Gregorio del Campo, marinero de oficio y de quien aprende, desde la temprana edad de los 14 años, la labor de palangrero (pescador que utiliza el palangre, un tipo de aparejo para la pesca artesanal que reposa sobre el lecho marino). Continúa desempeñando dicha labor hasta la década de los 70, cuando un accidentado abordaje le retira a tierra firme. Fallece en su localidad natal en 1986.

Casilda de Iturrizar

Casilda Margarita de Iturrizar y Urquijo nace en Bilbao en 1818. Años después, en 1859, contrae matrimonio con Tomás Epalza Zurbaran, uno de los fundadores del Banco de Bilbao. Tras la muerte de este y la gran fortuna amasada, ella destina gran parte de su patrimonio a los más desfavorecidos de la Villa, colaborando, entre otros, con las escuelas Tívoli, con la Santa Casa de Misericordia o con las Siervas de Jesús de la Naja y Agustinos de Portugalete. Conocida con el sobrenombre de *Viuda de Epalza* fallece en Bilbao en 1900, siendo objeto de homenajes por parte de las instituciones por la labor social desempeñada durante años.

PAREJA DE ALDEANOS

Constructor: Pedro Goiriena (Sopuerta, Bizkaia)
Año de construcción: 1986

LOPE GARCÍA DE SALAZAR

Constructor: Aitor Calleja (Markalain, Navarra)
Fecha de presentación: 8 de mayo de 2022

MARÍA DÍAZ DE HARO

Constructor: Aitor Calleja (Markalain, Navarra)
Fecha de presentación: 11 de junio de 2021

NISIO

DOÑA CASILDA

Constructor: Aitor Calleja (Markalain, Navarra)
Fecha de presentación: 8 de junio de 2024

JARRILLA

Año de construcción: anualmente

Portugalete

Santurtzi

En las fiestas del Carmen de 1940[193] ya se encuentran gigantes y cabezudos, cedidos por el municipio de Portugalete. En 1942[194], el señor Antonio Uribe Etxebarria, propietario del palacio y finca que habían pertenecido a los marqueses de Santurtzi, regala al pueblo de Santurtzi una pareja de gigantes representando a un arrantzale y a una sardinera, así como varios cabezudos, todos ellos obra de la casa El Ingenio de Barcelona. Hacen su presentación el 15 de julio de ese mismo año. En junio de 1950 adquieren a la misma casa constructora una remesa de seis cabezudos *«por hallarse muy deteriorados los que hoy se utilizan en las fiestas»*[195].

El estado de las figuras seguía siendo defectuoso, con lo que, en 1955, el Ayuntamiento abona al escultor local Mauricio Aldamiz un total de 1 900 pesetas por los trabajos de reparación realizados a la pareja de gigantes y a los cabezudos[196].

Pasados unos años, en 1963, la Comisión Permanente del Ayuntamiento deja constancia del mal estado en el que se encuentran los gigantes: *«Por lo que respecta a la necesidad de arreglo inmediato de los Gigantes que se encuentran destrozados y a la conveniencia de adquirirlos nuevos ya que los actuales son de difícil composición, se conviene en aplazar el arreglo de los mismos o la compra de nuevos para mejor ocasión»*[197]. El material gráfico de la época muestra

Los «gigantes» de Santurce —el arrantzale y la sardinera— no pudieron ser estrenados por la lluvia con ocasión de la llegada de la «Korrika» a la localidad santurzana; ahora han tenido que limitar, en fiestas, sus salidas por el mismo motivo. — (Foto Ortuzar.)

Gigantes construidos por Pedro Goiriena en 1980. *La Hoja del Lunes (27-04-1981)*. *Biblioteca Foral de Bizkaia - Bizkaiko Foru Liburutegia*.

193. *La Gaceta del Norte*. 14 de julio de 1940 (pág. 3).
194. *La Gaceta del Norte*. 14 de julio de 1942 (pág. 5).
195. Actas Ayuntamiento - Archivo Foral de Bizkaia. 9 de junio de 1950 (pág. 55).
196. Actas Ayuntamiento - Archivo Foral de Bizkaia. 25 de noviembre de 1955 (pág. 130).
197. Actas Ayuntamiento - Archivo Foral de Bizkaia. 29 de marzo de 1963 (págs. 173-174).

Los antiguos gigantes descansan, desde 2012, en el Centro de Interpretación Santurtzi Itsasoa. *Autores: Borja Romero y Aitor Santamaria.*

tantos otros gigantes del constructor barakaldés, la estructura y el caballete hacen difícil poder ser bailados, con lo que, tras unos pocos años de actividad, son apartados. Después de años de abandono en los almacenes municipales, en 1995 el grupo de danzas Mendi Alde Dantza Taldea los recupera, quedando listos para las fiestas del año siguiente tras la restauración realizada por Kukubiltxo. En 2012 son cedidos al Centro de Interpretación Santurtzi Itsasoa donde actualmente están expuestos.

Con evidentes problemas para bailar los antiguos gigantes, en 2001 el grupo de danzas encarga a Kukubiltxo y a Nati Ortiz de Zarate la construcción de cuatro nuevas figuras. La primera pareja mantiene la representación del arrantzale y la sardinera, mientras que la segunda encarna un minero y una lavandera de mineral, todo ello con el fin de dar una mayor visión de las labores tradicionales del lugar. Hacen su presentación en abril de ese mismo año dentro de los actos organizados por la festividad de San Jorge. Lo hacen dentro de la concentración de gigantes en la que participan los gigantes Ondalan de Deusto, Sanduzelai (Pamplona) y Sanabria (Zamora).

una nueva pareja de gigantes representando, nuevamente, a un arrantzale y una sardinera, siendo El Ingenio de Barcelona la casa constructora encargada, si bien es cierto no hemos hallado compra alguna de estas figuras en las actas municipales, con lo que desconocemos el año exacto de la adquisición. En ese mismo año (en 1963) se abonan 1 750 pesetas a Carlos San Gregorio por la compra de nuevos cabezudos[198]. Los gigantes continúan en los programas de fiestas hasta mediados de la década de los 70.

Con Santurtzi huérfano de figuras, Pedro Goiriena construye en 1980 una pareja de gigantes y seis cabezudos. Los primeros vuelven a representar a un arrantzale y a una sardinera mientras que los cabezudos encarnan labores tradicionales de la localidad, tales como una hilandera, un capitán de barco o una aldeana, entre otros. El coste de los gigantes alcanza las 212 000 pesetas[199]. Como

En 2005, coincidiendo con el décimo aniversario de la comparsa y con la vista puesta en futuras generaciones de porteadores, se unen cuatro gigantes *txikis* que completan el séquito actual de figuras. Esta vez los personajes elegidos son tipos populares de la localidad: El famoso cocinero *Currito*, la sardinera *Bella Charo*, el cura *Don Elías* y la sardinera que componía versos y coplillas *Sotera*. Hacen su presentación junto a otros cuarenta y seis gigantes en una gran concentración el 30 de abril de 2005.

En 2021 el taller navarro Eskuartean Imaginería Festiva restaura las cuatro figuras construidas en 2001. Entre las mejoras llevadas adelante destaca el cambio de material de las manos de los gigantes (pasando de látex a fibra de vidrio), así como arreglos en pintura y accesorios de las figuras. Las figuras restauradas se presentan en Santurtzi el 17 de julio de 2021.

• • • • • • • •

198. Actas Ayuntamiento - Archivo Foral de Bizkaia. 29 de abril de 1963 (pág. 84).
199. *La Hoja del Lunes*. 16 de noviembre de 1981 (pág. 21).

ARRANTZALEA

SARDINERA

Constructor: Kukubiltxo (Larrabetzu, Bizkaia)
Fecha de presentación: 14 de abril de 2001

MINERO

LAVANDERA DE MINERAL

Constructor: Kukubiltxo (Larrabetzu, Bizkaia)
Fecha de presentación: 14 de abril de 2001

CURRITO

LA BELLA CHARO

Constructor: Kukubiltxo (Larrabetzu, Bizkaia)
Fecha de presentación: 30 de abril de 2005

DON ELÍAS

SOTERA

Constructor: Kukubiltxo (Larrabetzu, Bizkaia)
Fecha de presentación: 30 de abril de 2005

Sestao

Las primeras figuras que pasean por las calles de Sestao son los cabezudos de Bilbao, cedidos para las fiestas de 1934 por Emisora Bilbaina (conocida actualmente como Radio Bilbao)[200].

Al año siguiente se encuentra la primera referencia de gigantes: *«Esta tarde saldrán, con motivo de la víspera de San Ignacio, los gigantes y cabezudos que recorrerán con la Banda municipal el pueblo, desde La Punta hasta la Plaza pública, en la cual tendrá lugar una romería, amenizada por la Banda municipal y acordeones»*[201]. El Ayuntamiento compra cuatro cabezudos a la casa El Ingenio de Barcelona mientras que solicita la cesión de los gigantes de los vecinos portugalujos, algo que se repite durante los años posteriores[202].

Con el fin de evitar continuar con gigantes prestados, en 1942[203] el consistorio aprueba la adquisición a la casa El Ingenio de dos parejas de gigantes, representando a un arrantzale, una sardinera y a una pareja de aldeanos, además de seis cabezudos. Finalmente, se opta por adquirir la pareja de aldeanos sin vestir y se mantiene el número inicial de cabezudos por un total de 2 335 pesetas. Estas figuras no duran mucho, ya que a principio de los años 60 pasea por las calles una nueva pareja de gigantes evocando a un par de príncipes, obra de Artesanía Mirete (Murcia). Años más tarde, en el año 1975, se une una pareja de vascos, obra de Aragonesa de Fiestas (Zaragoza), desapareciendo estos a mediados de los 90.

· · · · · · · · ·

200. *La Tarde*. 31 de agosto de 1934 (pág. 2).
201. *El Pueblo Vasco*. 30 de julio de 1935 (pág. 10).
202. Archivo Foral de Bizkaia. SESTAO 0255/062.
203. Archivo Foral de Bizkaia. SESTAO 0255/180.

Actualmente, el Ayuntamiento dispone de cuatro gigantes. La primera pareja fue construida por Aragonesa de Fiestas y representa a un marinero (Bartolo) y a una vendedora de sardinas (Maritxu), adquiridos en 1995. La segunda pareja, creada en 2009, representa a un ferrón y a una escarabillera (Martin y Felisa) obra del constructor Jesús María Ganuza, todos ellos bailados por la agrupación Birakari Elkartea.

Gigantes de Sestao en la concentración de gigantes de Barakaldo, año 1989. *Archivo Gautxoriak Erandio.*

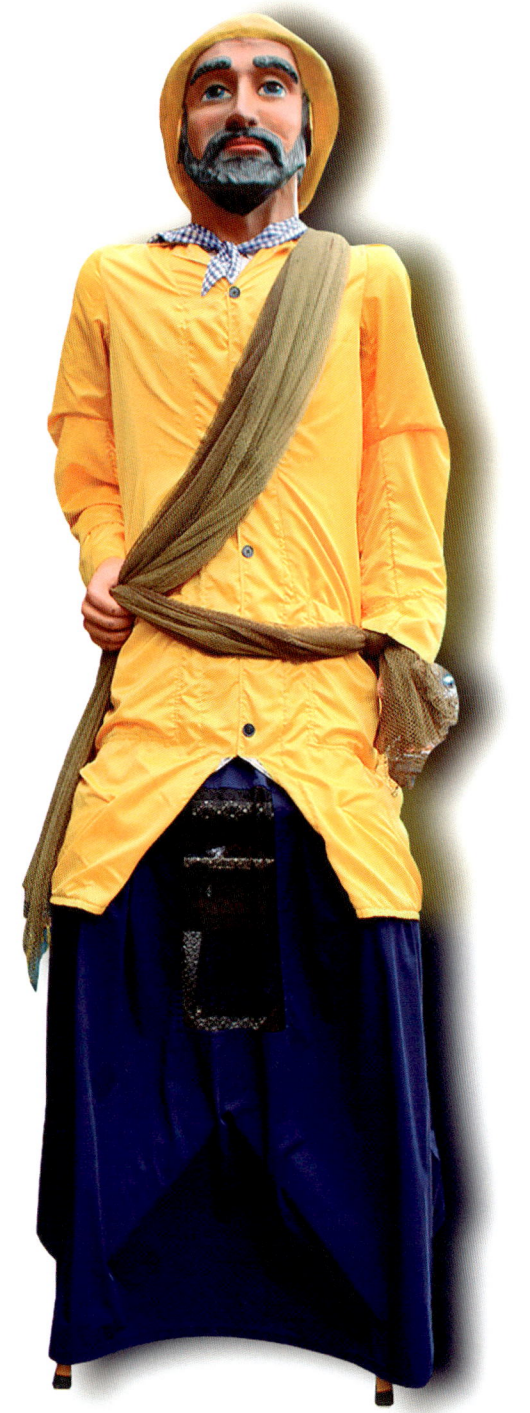

BARTOLO

MARITXU

Constructor: Aragonesa de Fiestas (Zaragoza)
Año de construcción: 1995

MARTÍN

FELISA

Constructor: Jesús María Ganuza (Burlada, Navarra)
Año de construcción: 2009

Gigantillas Eusko Lorak Kultur Elkartea

El grupo de danzas Eusko Lorak Kultur Elkartea, con el fin de recuperar figuras que formaban parte de la desaparecida procesión del Corpus Christi, encarga al taller Eskuartean Imaginería Festiva una pareja de gigantillas, similares a las "Zigantiak" que pasean en Baja Navarra en las danzas de Luzaide. Se unen a ellas el caballo de cartón y el Dragón o Sierpe que tan familiares resultaban en el Bilbao del siglo XVII. Su estreno se produce el 4 de junio de 2022.

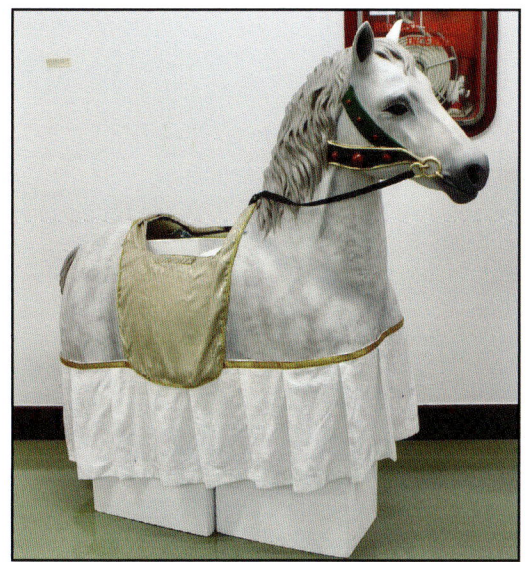 

El elenco se completa con un zaldiko y un dragón. *Autores: Borja Romero y Aitor Santamaria.*

Gigantillas Eusko Lorak Kultur Elkartea ▶

PAREJA DE GIGANTILLAS

Constructor: Eskuartean Imaginería Festiva (Pamplona, Navarra)
Fecha de presentación: 4 de junio de 2022

Sestao

Trapagaran

La primera referencia de gigantes y cabezudos en el Valle de Trápaga la encontramos el 10 de mayo de 1957, cuando el Ayuntamiento solicita «*adquirir dos gigantes y seis cabezudos completos, de la Industria Juguetera Recacha, de Zaragoza, con un presupuesto total de 13.720 pesetas (...)*»[204].

En 1985, Guillermo Olmos (La Arboleda, Bizkaia) construye una pareja de gigantes que, siguiendo la tradición minera de la zona, representa a un trabajador de las minas y a un capataz inglés. Apenas duran dos años en activo, desapareciendo de los programas festivos desde 1987. Almacenados en dependencias municipales durante años, en 2006 el Ayuntamiento del Valle de Trápaga los recupera y adecenta, dejándolos exclusivamente para exposición en el Palacio Olaso de la propia localidad.

A falta de figuras que alegren las calles en las fiestas del municipio, el consistorio encarga en 2012 al artista navarro Aitor Calleja una pareja de gigantes que evoquen los oficios tradicionales del Valle de Trápaga. Así, son presentados el 30 de agosto del mismo año el minero y la molinera.

Justo un año más tarde, el grupo de danzas local Danetarako Danok se hace cargo del baile de las figuras. Además, los propios miembros del grupo rescatan a la pareja de gigantes expuesta en el Palacio Olaso modificando tanto su estructura como su aspecto para presentar una nueva pareja, ésta de menor tamaño que los dos gigantes nuevos. Representan al terrateniente inglés y a una enfermera del antiguo hospital minero de la Arboleda.

Con el paso de los años se han ido incorporando gigantes de menor tamaño, realizados para los más pequeños con el fin de asegurar el relevo de la comparsa.

204. Archivo Foral de Bizkaia. VALLE DE TRÁPAGA - TRAPAGARAN 1110/034/002.

MINERO (ORKONERA)

MOLINERA (BALLERROTA)

Constructor: Aitor Calleja (Markalain, Navarra)
Fecha de presentación: 30 de agosto de 2012

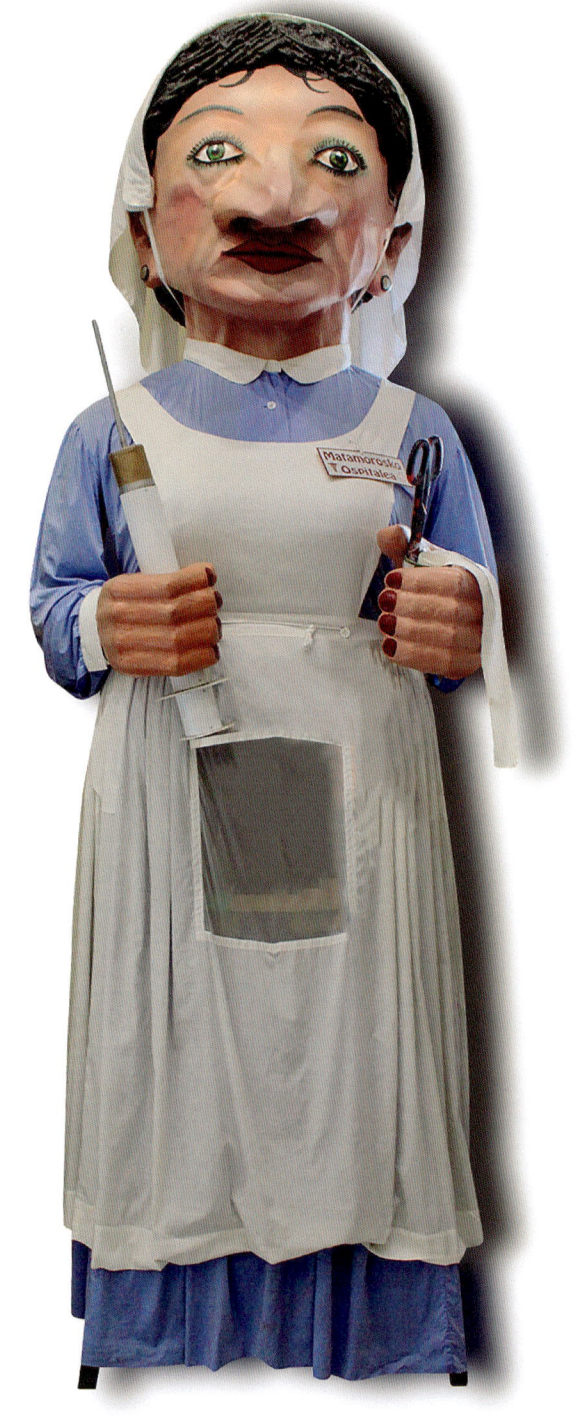

TERRATENIENTE INGLÉS

Constructor: Guillermo Olmos (Bizkaia)

Restauración: Alfonso López Urkidi

Fecha de construcción: 1985

Fecha de restauración: 2013

ENFERMERA

Constructor: Guillermo Olmos (Bizkaia)

Restauración: Alfonso López Urkidi

Fecha de construcción: 1

Fecha de restauración: 2

PETRI

Constructor: Alfonso López Urkidi
Año de construcción: 2016

BASAJAUNA

Constructor: taller bajo la dirección de Josu Cámara
Año de construcción: 2015

LAMIA

Constructor: taller bajo la dirección de Josu Cámara
Año de construcción: 2015

TARTALO

Constructor: Taller Hoyos - Miguel
Año de construcción: 2019

Trapagaran

Ugao-Miraballes

Las primeras referencias de figuras festivas en la localidad de Ugao datan del año 1940 cuando se adquiere a la empresa madrileña El Arca de Noé (Madrid) una serie de cabezudos. Según el programa festivo, en 1956 se compran nuevas cabezas. Continúan en activo hasta el año 1983, destruidos como consecuencia de las inundaciones que azotan Bizkaia en el mes de agosto.

Al año siguiente, el Consistorio adquiere una pareja de gigantes, representando a una pareja de aldeanos, y seis cabezudos, realizados por el artista Pedro Goiriena con un coste total de

Antiguos cabezudos de Ugao en 1960. *Fotografía cedida por Iñaki García Uribe.*

392 000 pesetas[205]. Los gigantes sufren una importante restauración en el año 2003 de la mano de Kukubiltxo, así como un cambio de indumentaria, obra de Nati Ortiz de Zarate.

Poseen, además, siete cabezudos de la casa Aragonesa de Fiestas (Zaragoza). El último de ellos se presenta en sociedad en el chupinazo de fiestas de 2022, representando a una bruja.

. . . .

205. Archivo Foral de Bizkaia. R-05170/008.

PAREJA DE ALDEANOS

Constructor: Pedro Goiriena (Sopuerta, Bizkaia)
Año de construcción: 1984

Usansolo

Tras décadas demandándolo, el 23 de noviembre de 2022 Usansolo se desanexiona de Galdakao y se convierte en el municipio número 113 de Bizkaia. Durante años, es Ondalan Erraldoien Konpartsa quien ameniza las calles de Usansolo, pero a partir de lograr la ansiada independencia, los vecinos se plantean crear una comparsa propia.

Con la ayuda y apoyo de diversas asociaciones locales, así como del Ayuntamiento y de los grupos Usgaldu Usansolo eta Galdakaoko dultzaina/gaiteroen elkartea y Bizkaiko Gaiteroak, el 11 de marzo de 2023 hacen su presentación las cuatro nuevas figuras, obra del taller catalán *Avall Creació* (Reus). Con el objetivo de aportar una visión de los oficios tradicionales y leyendas de la zona, son presentados en sociedad Amama, la tabernera, el gaitero y Lamia.

Amama

Procedente de los caseríos cercanos *Arteta*, *Lekue* o *Bortotza* bajaban las lecheras a vender su leche a los habitantes de Usansolo. Representa a aquellas mujeres que realizaban las duras labores del caserío desde primera hora de la mañana para poder vender leche fresca casa por casa a todo aquel que lo solicitase.

Tabernera

Es la imagen de los oficios tradicionales del entorno, en este caso en memoria de las tabernas existentes en Usansolo, tales como *Txiki*, *Belu*, *Gandarias*, *Ereño*, *Goti* o *La Bodeguilla*, entre otras. Porta una tinaja de vino, la cual servía a los trabajadores que se acercaban a su taberna una vez finalizaban su jornada.

Gaitero

Homenaje a los músicos que, durante años, han animado las calles de Usansolo. En el barrio de Labea, por ejemplo, fue conocido Simeón Iragorri. Con indumentaria del siglo XX, en su mano derecha aguanta una gaita navarra con el logotipo de Bizkaiko Gaiteroak, mientras que en el bolsillo de su camisa es visible un peine de oro, relacionado directamente con la última de las figuras que componen la comparsa.

Lamia

Tiene su origen en la mitología griega, si bien en la mitología vasca llevan siglos presentes. En nuestro caso se trata de figuras femeninas con pies de pato y una increíble belleza, las cuales moran en los ríos desenredando sus largas melenas con peines de oro. Desde el romanticismo histórico se ubican a las Lamias en Usansolo. En el barrio de Laminarrieta la leyenda cuenta que, todas las noches, las Lamias lavaban allí sus ropas desde las diez de la noche hasta que en la madrugada cantase el gallo, impidiendo durante ese tiempo que ninguna persona circulase por aquel paraje.

AMAMA

TABERNERA

Constructor: Avall Creació (Reus, Catalunya)
Fecha de presentación: 11 de marzo de 2023

GAITERO

LAMIA

Constructor: Avall Creació (Reus, Catalunya)
Fecha de presentación: 11 de marzo de 2023

Usansolo

Otros municipios

Más allá de las localidades anteriormente mencionadas, son otras quienes, actualmente, poseen cabezudos o símbolos festivos caracterizados en gigantes, mientras que en otros municipios han paseado durante años gigantes y cabezudos, pero actualmente no poseen figura alguna.

Comenzando por estos últimos, en 1946, el Ayuntamiento de **Mungia** contacta con Juan Antonio Mirete (Murcia) para la compra de gigantes y cabezudos. Ante la negativa de la casa Mirete a ofrecer gigantes ya que no disponían de ellos en su catálogo, el Consistorio adquiere cuatro cabezudos (una pareja de caseros vascos y otra de chinos) por 264 pesetas[206]. Años más tarde, en 1952, el Ayuntamiento adquiere a la misma casa constructora una pareja de gigantes (un marajá y una gitana) por 2 400 pesetas[207].

Galdakao, por su parte, hace lo propio en 1927: *«por primera vez se exhibirán los gigantes y cabezudos adquiridos por el Ayuntamiento. No me preguntes, amigo mío, dónde los han comprado. No sé si en el pueblo o fuera»*[208]. Con las anteriores figuras desaparecidas, en 1947[209], adquiere a la casa El Ingenio de Barcelona una pareja de gigantes, vestidos incluidos, por 2 800 pesetas. Entre los expedientes encontramos el catálogo de Industria Juguetera Recacha (Zaragoza) en 1965. Sin embargo, no parece que hubiese compra alguna, ya que en los programas festivos tan solo se encuentran los cabezudos. En 1982 se encarga a Pedro Goiriena la construcción de cinco cabezudos, entre los que se encuentran un baserritarra o caperucita roja y el lobo feroz, desapareciendo estas figuras a mediados de los años 90. Desde entonces es Ondalan Erraldoien Konpartsa quien acude a sus fiestas.

Abanto-Zierbena se une en aquellos años al auge del mundo de gigantes y cabezudos, y compra, en 1951, una pareja de gigantes vestidos y cuatro cabezudos a la casa El Ingenio de Barcelona por un total de 9 600 pesetas[210]. Bien es cierto que en 1927 constan gigantones y cabezudos en los programas festivos[211], desconociendo si se trataba de figuras alquiladas a otras localidades o adquiridas por el propio Consistorio.

Ermua también cuenta, durante años, con gigantes y cabezudos propios. Hay constancia de estas figuras al menos desde 1970[212], siendo 1985 el último año en el que se mencionan a los gigantes en los programas de fiestas. No así los cabezudos que continúan amenizando las fiestas en los años posteriores.

206. Archivo Foral de Bizkaia. MUNGIA 01471/006.
207. Archivo Foral de Bizkaia. MUNGIA 00329/029.
208. *Euzkadi*. 13 de septiembre de 1927 (pág. 6).
209. Archivo Foral de Bizkaia. GALDAKAO 13361.
210. Archivo Foral de Bizkaia. ABANTO Y CIERVANA 1012/012.
211. *El Liberal*. 21 de junio de 1927 (pág. 6).
212. *Festividades: fiestas de Santiago*. Ermuako Udal Liburutegia - Biblioteca Municipal de Ermua (1970).

Por las calles de **Orozko** han paseado cuatro gigantes de menor tamaño y de creación artesanal desde 2011, durando en activo unos pocos años. Actualmente son los cabezudos de Ugao-Miraballes quienes acuden a sus fiestas.

Entre otros encontramos menciones de gigantes y cabezudos en las fiestas de Zalla (1930), Sopuerta (1939), Zaldibar (1979) o Zeberio (1979). Posiblemente, en la mayoría de los casos, los gigantes serían propiedad de municipios cercanos que cedían sus figuras para los actos festivos.

Actualmente hay localidades que únicamente cuentan con cabezudos: En **Muskiz** por ejemplo pasean seis cabezudos construidos por Pedro Goiriena a principios de los años 80. Tras años arrinconados en dependencias municipales, Haritzkanda Kultur Elkartea los recupera en 2012. De la recuperación de las figuras se encarga Mikel Ibarzabal (Urretxu, Gipuzkoa) mientras que los ropajes son obra de la propia asociación. **Arrigorriaga** cuenta con cuatro cabezudos desde el año 2008. Construidos por Javier Obregón *Tarzi* son cuatro caricaturas de animales representando un perro, un gato, un cerdo y un pollo. **Abadiño**, **Zeanuri** o **Etxebarria** se encuentran en la misma situación.

Respecto a gigantes **Etxebarri** cuenta desde 2012 con una gigantilla llamada Errotatxo, creada por Kukubiltxo y símbolo de las fiestas del municipio. Anteriormente le acompañaba una pareja de gigantes de nombres **Txomin y Mirentxu**, dos baserritarras de construcción artesanal desaparecidos hace años.

Loiu, por su parte, adquiere en 2022 una gigante representando a la bruja que vive en el monte Karabizu, el más alto de Loiu, desde donde cuida y protege a los habitantes de la localidad. Construida por Mikel Ibarzabal (Urretxu, Gipuzkoa) y vestida por Bordados Bergara hace acto de presencia en las fiestas que se celebran en junio.

Por último, la localidad de **Ispaster** presenta el 25 de julio de 2023 un pequeño gigante de creación artesanal llamado Jiruliano.

ERROTATXO

Constructor: Kukubiltxo (Larrabetzu, Bizkaia)
Año de construcción: 2012

SORGIN

Constructor: Mikel Ibarzabal (Urretxu, Gipuzkoa)
Año de construcción: 2022

JIRULIANO

Constructor: creación artesanal
Fecha de presentación: 25 de julio de 2023

Gargantúa en Bilbao

Gargantúa

Gargantúa es el personaje principal de la novela de François Rabelais titulada *Vie inestimable du grand Gargantua*, escrita en 1534. La fábula se presenta en contra del modelo de enseñanza de la Edad Media y predica un nuevo modelo de pedagogía en el que se le da prioridad al cuerpo, alma y espíritu[213]. En dicha obra, Gargantúa y su hijo *Pantagruel* representan el voraz e insaciable apetito de la realeza del siglo XVI. El escritor gipuzkoano José María Busca Isusi añade que el Gargantúa era hijo de dos gigantes llamados *Grandgoussier* y *Gargamelle*, hija de un rey salvaje[214].

El hijo, al nacer, salió por la oreja izquierda de su madre; la criatura tenía el tamaño de una ternera y pesaba varias toneladas, con lo que tuvieron que construirle una gigantesca cuna. Le daban de comer terneras y vacas a montones. Sus padres, en vez de en carrito, decidieron llevarlo montado en un carro arrastrado por una pareja de bueyes.

El Gargantúa es una figura de extensas magnitudes que se muestra imponente con su boca abierta de par en par. Tiene un tobogán que va desde la boca hasta la parte posterior de la figura y su función es la de tragar a la chavalería. Se presenta sentado en un carro, del que tradicionalmente han tirado un par de bueyes. Dentro de la simbología de la Villa el ser devorado por el Gargantúa constituye la confirmación de bilbainidad.

A lo largo de los más de dos siglos, han sido seis los Gargantúas que ha presenciado la Villa de Bilbao, con los cambios en función de la época tanto en medidas como en vestimenta o apariencia. Su presencia no se ha limitado únicamente a Bilbao, poblaciones tales como Vitoria-Gasteiz, Llodio, Zaragoza o Valladolid poseen una figura de este tipo con diversas denominaciones, como por ejemplo *Tragantúa* o *Tragachico*.

213. *Lur Hiztegi Entziklopedikoa*. Bilbao: LUR, 1993. Vol. 5.
214. RABELAIS, François: *Gargantua et Pantagruel*. 2016.

1854

El primer Gargantúa nace en Bilbao en el año 1854. La idea de crear este personaje es de una cuadrilla de amigos que se reúne en la pastelería *El Suizo*, de ahí que se les conozca por el sobrenombre de *los de la Pastelería*. El creador de la figura es el bilbaino Antonio de Echániz, conocido popularmente como *Bombero Echániz*, jefe del parque de bomberos y maestro de obras. El Gargantúa se construye en el barrio bilbaino de Atxuri, lugar de residencia del autor.

El gigantón se presenta dentro del programa festivo, en el día concreto llamado *de Vaco*. Detalla Emiliano de Arriaga en su obra *Vuelos cortos de un Chimbo* que el tercer día de las corridas de agosto era el llamado «*de Vaco o Baco (...)*», era el día destinado a los festejos populares, como día intermedio entre los de la celebración de las corridas de toros[215][216]. El 22 de agosto de 1854 a las diez de la mañana hizo su presentación en la antigua plaza del mercado, junto a la iglesia de San Antón.

Destaca el hecho de que Echániz no calcula el tamaño de la figura y no cabe por la puerta de su taller. Fue necesario partir la cabeza en dos para que el gigantón pudiese salir[217]. *Los de la Pastelería* y el grupo *Irurac-bat* realizan una invitación a todo el pueblo de Bilbao para que sean engullidos por el Gargantúa. Nadie se atreve, con lo que se soborna a algunos jóvenes de la época para que se introduzcan en las fauces del glotón. «*El primer valiente que tal hizo fué el llamado Ruin (...) Tras Ruin fueron otros y otros, que*

acabaron por no tener nada de ruines, y como todo es empezar, acabó por aclimatarse Gargantua»[218].

Sin duda se trata de un hecho importante en el Bilbao de aquellos años: «*El Gargantúa ha dado ya más que hablar que todos los pronunciamientos de España, y sobre todo los chicos, ya están deseando y temiendo verle. Ha quedado muy bien, va sentado a la mesa y tirado por dos caballos, en uno de los cuales irá un pinche del fuego montado, vestido de Pierrot, y otros repartiendo la vida de dicho señor. Recorrerá todas las calles del pueblo y tragará todos los chicos que se le presenten, los cuales por medio de un sirin-*

Dibujo del Gargantúa primitivo. *Vuelos cortos de un Chimbo, Emiliano de Arriaga (1894).*

215. *El Correo Español - El Pueblo Vasco*. 20 de agosto de 1978 (pág. 32).
216. DE ARRIAGA, Emiliano: *Vuelos cortos de un Chimbo*. Bilbao: Tilo, 1994.
217. *Revista Bascongada*. 1882 (pág. 269).
218. *Revista Bascongada*. 1882 (pág. 269).

sirin irán a salir por debajo de la casaca (...). Sentado es una vara más alto que D. Terencio, y como mueve los ojos y abre la boca, hace muy buen efecto»[219].

«Dieron las diez y se puso en marcha la comitiva hacia el hospital por haber solicitado los señores de aquella Junta que se le llevara allá para que lo vieran los enfermos. Abrían la marcha la música, tamborileros y dulzaineros, seguidos por los gigantes y enanos. Estos últimos acompañaban a Gargantúa y ayudaban a salir a los chicos que tragaba. No es fácil pintar el barullo que se armó al romper la marcha entre chupinazos, cohetes, (...). Tiraban del héroe dos caballos muy majos, a los que hubo que añadir despúes otros dos porque no podían solos con él. Dos chicos de los del fuego, vestidos muy bien de Pierrots y Arlequin, le acompañaban también, el uno montado en el caballo delantero y el otro repartiendo los impresos de la vida de Gargantúa». Después de visitar el hospital, la comitiva siguió por entre las calles, mientras el nuevo personaje seguía comiéndose a niños. *«Dos hombres con varas no bastaban a veces a contener el furor de los chicos por subir a la mesa y ser tragados por él. Se calculó que aquel día pasarían de mil los chicos que engulló. Hasta el insigne y borracho Collín pidió por favor que le dejaran subir, y lo hizo enfrente de la Pastelería, con gran algazara de todo el mundo. A la una llegó el antropófago al Arenal, quedando colocado entre San Nicolás y la fuente»*[220].

El cancionero popular bilbaino recoge así el estreno del personaje, que causó temor entre los más pequeños de la Villa[221]:

«El Gargantúa es un bicho
muy malo,
hay que darle con un palo.
Al Gargantúa,
mírale,
arrimado a la pared.
Aquí, venid, la, la,...
bajamos de Begoña
y ya estamos aquí».

Con el paso de los años y según el momento político social de la época, su aspecto va variando: *«Formó parte de una cabalgata y vestía traje francés. El año 60, que era la actualidad de la guerra de África, se le transformó el terno francés por el de voluntario de los tercios vascongados. El año 69 sufrió nueva transformación en su vestimenta. La veleidosa moda le obligó a vestirse de cocinero y figuró en otra cabalgata»*[222].

El final del gigantón resulta dramático: *«En 1874, durante el sitio de Bilbao por las tropas carlistas, "el Gargantúa se fue; le mató una bomba cuando estaba paralítico y retirado"»*[223]. Miguel de Unamuno, nacido en 1864, explica que él no lo conoció sino por tradición.

· · · · · · · · ·

219. DE GORTAZAR, Juan Carlos: *Bilbao a mediados del siglo XIX según un epistolario de la época.* 1920 (págs. 165-166).
220. DE GORTAZAR, Juan Carlos: *Bilbao a mediados del siglo XIX según un epistolario de la época.* 1920 (págs. 169-170).
221. Recopilación de Javier Echevarría: *Canciones para el recuerdo.* 1994.
222. *El Nervión.* 22 de agosto de 1897 (pág. 1).
223. NAVARRO, Juan Carlos: *Entre Gigantes y Cabezudos. Don Terencio y doña Tomasa en Llodio.* Llodio: Ayuntamiento del Noble Valle de Llodio, 2001.

Gargantúa en el cartel de las corridas de toros de 1900. *Biblioteca Nacional de España.*

1897

Tras más de veinte años de ausencia y aprovechando la recuperación de los gigantes y cabezudos, de nuevo el concejal José Martínez Pinillos y la Comisión Especial de Festejos del Ayuntamiento de Bilbao recuperan esta figura en 1897. Aprobada su construcción el 10 de junio de ese mismo año, el encargo recae sobre los escultores Serafín de Basterra y Vicente de Larrea, realizando dicha labor en su taller de la Ribera. Estos esculpen en madera tanto la cabeza como las enormes manos.

Larrea y Basterra, sin embargo, no son los únicos en encargarse de confeccionar al gigantón: el armazón se construye en los almacenes de José Subero[224], encargado igualmente de la mesa y de la escalera del Gargantúa. La vestimenta es obra de Justa Aguirre junto con

Gargantúa en la calle Navarra. *Archivo Foral de Bizkaia - Bizkaiko Foru Agiritegia. AL0017-0694.*

varios comerciantes de telas de la época (como Francisco García), ubicado en la calle Belosticalle nº 24. Además, las abarcas son adquiridas en Somera. Por último, hay que añadir que el carretón que sostiene la figura es construido en los talleres de carruajes de José Regil y CIA. situados en el muelle de Urazurrutia[225]. Por todo ello, el coste total asciende a 2 278,84 pesetas.

224. *El Nervión*. 22 de agosto de 1897 (pág. 2).
225. *El Correo Español - El Pueblo Vasco*. 15 de agosto de 1973 (pág. 8).

Las diversas fotografías de la época permiten conocer con mayor detalle al nuevo Gargantúa. Vestido al estilo "Chori erriko", detalle criticado en algunos medios de la época, tiene tres metros con 80 centímetros de altura. Además, presenta el detalle de tener los ojos y la mandíbula inferior articulados, característica estudiada por Tomás Moro, el cual provoca que, en el momento de adentrarse un valiente niño a las fauces del Gargantúa, este cierre la boca y mueva sus ojos dando un mayor realismo a la figura. Es presentado en sociedad el 22 de agosto de 1897.

El regreso de este simpático personaje no fue noticia solo en Bilbao. Así, además de verle en acción en festejos o celebraciones importantes de la época, también se desplaza a otros municipios tales como Plentzia (en 1899 y 1919), Hondarribia (1911) o Bermeo (1919). Destaca su viaje en 1910 a Pamplona con motivo de los San Fermines. Su traslado a la capital navarra resulta curioso: *«Gargantúa ha sido aseado en su físico y en su indumentaria y ayer le condujeron a la estación del Norte, instalándole en un vagón. Pero se vió que la altura de nuestro personaje excedía de la de los túneles de la línea y antes de que quedase destrozado en el primero de éstos, tuvieron a bien decapitarle. En Pamplona se encargarán de sentarle la cabeza»*[226].

Tras años de actividad, entrada la década de 1920 es abandonado en los almacenes del depósito de Mena sucumbiendo a la idea de algunos concejales de la época que este tipo de figuras, al igual que los gigantes y cabezudos, eran algo vulgar y pueblerino, indigno para una urbe que quisiera evolucionar. Su final es recogido en diversos medios: *«Pues bien, el pobre se encuentra hoy día, en medio del mayor abandono en la isla de San Cristóbal, siendo blanco de todas las chiquillerías; le falta la nariz, el brazo derecho y no sé cuántas partes más, y no hay ni por casualidad un guarda, que le resguarde de aquella plaga de inadecuados que le invaden»*[227].

Gargantúa en el puente del Arenal. *Archivo Foral de Bizkaia - Bizkaiko Foru Agiritegia. AL0017_0693.*

· · · · · · · · ·

226. *El Noticiero bilbaino*. 29 de junio de 1910 (pág. 1).
227. *El Noticiero bilbaino*. 18 de febrero de 1922 (pág. 1).

Gargantúa en la plaza del Teatro Arriaga. *ARCHIVO MUNICIPAL DE BILBAO. Fondo: La Gaceta del Norte. Autor: desconocido. 0301_006090_F-000785-006.*

1934

De la joven emisora Radio Bilbao nace la iniciativa de crear una nueva dinastía de figuras festivas para la Villa. Con el fin de llenar el vacío cultural que existía en esos años en cuanto a la imaginería festiva, se propone, en el consejo de Radio Bilbao, la idea de recuperar gigantes, cabezudos y el Gargantúa.

La construcción de la figura se lleva a cabo por el escultor Higinio de Basterra, hijo de Serafín de Basterra, creador de los anteriores bultos, quien procede con el modelado y talla en madera de los brazos y la cabeza en la Escuela de Artes y Oficios de Atxuri que, al ser periodo vacacional no estaba ocupado por los estudiantes. El hecho de construirlos con ese material hace que el peso aumente significativamente. Este detalle provoca aumentar también las dimensiones y la capacidad de resistencia de la mesa donde van sujetas las manos, resultando en una figura más pesada en su totalidad[228].

Sobre el aspecto del Gargantúa, Eduardo Ruiz de Velasco, quien años más tarde se convertiría en el director de Radio Bilbao, hace una pequeña anotación al respecto: «*Don Higinio, firme en sus trece, se forjó un sucesor de "Rabelais" muy distinto al que nosotros deseábamos*»[229]. Al tamaño hubo que añadirle algún detalle como el color negro de su txapela, resaltando un parecido razonable con el que fuera líder del Partido Socialista de la época Indalecio Prieto

Gargantúa en la actual avenida de Sabino Arana, 1934. *Crónica (Madrid. 1934) 2-09-1934 (Pág. 25) Biblioteca Nacional de España.*

En la página anterior, Gargantúa comiendo niños en la plaza Circular, el día de su estreno. *Revista Foral de Bizkaia (1963).*

228. RUIZ DE VELASCO, Eduardo; VALLE, Julián: *Historia de Radio Bilbao.* 1972 (pág. 104).
229. RUIZ DE VELASCO, Eduardo; VALLE, Julián: *Historia de Radio Bilbao.* 1972 (pág. 86).

el cual en esos años era ministro. Ante este hecho, poco antes del estreno de la figura, se pinta de color rojo, evitando así cierto grado de parecido entre ambos personajes. Una vez terminado con el modelado de las partes, se trasladan al depósito municipal de la calle Mena para proseguir con la construcción del gigantón.

Higinio de Basterra proyecta un cambio en el soporte de transporte del Gargantúa, descartando el carro tradicional por una narria: «*Don Higinio Basterra, en su afán de tipificar, proyectó que el monstruoso tragaldabas fuese, no en un carro, sino en narria, sin tener en cuenta que el Bilbao del año de 1934 difería bastante del que él conoció con todas las calles encachadas en su parte vieja*»[230].

La inauguración resulta ser un tanto accidentada, y es que a dos horas del comienzo del desfile los presentes en el mencionado almacén de Mena se percatan de que Higinio de Basterra había construido el Gargantúa sin tener en cuenta la altura de la puerta del almacén, y ahora, con el Gargantúa totalmente terminado, este no podía salir del establecimiento por ser más alto que la puerta. Para sortear el obstáculo fue necesario, martillo en mano, romper la entrada, permitiendo así su salida[231].

Una vez solucionado este problema, dos parejas de bueyes proceden a empujar el nuevo Gargantúa. Sin embargo, el excesivo peso de la figura lo hace imposible, con lo que es necesaria una pequeña apisonadora para pasearlo. Se inicia así la bajada por la calle García Salazar con el objeto de llegar a la plaza Circular e incorporarse al desfile de gigantes, cabezudos y carrozas que parte desde el ayuntamiento. Los problemas no acaban ahí, puesto que, poco antes de llegar a la plaza Circular, los allí presentes comienzan a oler a quemado, y es que los bajos de la narria rozaban con la calzada, generando chispazos, proponiendo como solución coger uno de los carros aljibes utilizados en la limpieza de las calles para ir delante del Gargantúa mojando la calzada[232]. Por fin, tras muchos obstáculos, el nuevo Gargantúa comienza a tragar niños en la plaza Circular el 18 de agosto de 1934.

Una vez finalizado el acto vuelve a aparecer el mismo problema que en anteriores generaciones de gigantes, cabezudos y el Gargantúa: encontrar un local para guardar las figuras durante el año. Los primeros se guardan en la Santa Casa de Misericordia. El Gargantúa, por su parte, es remolcado hasta el puente de Deusto, ubicándose en la margen de Abandoibarra junto a varios almacenes de la época. Tampoco resulta fácil su transporte, puesto que, por un error de

Gargantúa en el recibimiento al dictador Francisco Franco en 1939. *Archivo personal Eduardo Ruiz de Velasco cedido por Margarita Ruiz de Velasco.*

cálculo, era imposible sacar la figura de la base de la narria, con lo que hubo que encargar un carro utilizado para el transporte de las planchas metálicas. De todo ello se encarga Alejandro Bengoechea, de Talleres Cortadi (Deusto)[233].

Dos años después, se produce el golpe de estado de 1936, iniciándose así la Guerra Civil, con lo que las figuras permanecen almacenadas hasta finalizar la misma, en 1939. Justo ese año, el dictador Francisco Franco visita Bilbao. Ante tal hecho y sabiendo de la curiosidad de Franco de conocer a la famosa figura, es reformada y puesta a punto para el desfile transcurrido por la Gran Vía.

Por su aspecto, este Gargantúa nunca resulta del gusto de la población bilbaina. Sin demasiadas salidas durante el año, unido a la entrada de nuevos concejales franquistas, reacios a este tipo de figuras, el gigantón queda abandonado en la bajera del puente de Deusto (en aquella época puente del Generalísimo) a comienzos de la década de 1950. Durante años vigilantes a sueldo del Ayuntamiento custodian la figura para impedir que le sean robadas las telas de su indumentaria. En 1953, por ejemplo, el Consistorio abona 35 000 pesetas al año por esta labor[234].

En palabras de un antiguo barrendero se recoge su trágico final: *«También allá, en su refugio debajo del puente de Deusto, le desnudamos, aprovechando muy poco por haberse convertido en un nido de ratas, y de lo que ustedes dicen de la madera, a golpes de hacha sacamos buena leña para alimentar la vieja estufa»*[235].

Gargantúa destrozado bajo el puente de Deusto. *ARCHIVO MUNICIPAL DE BILBAO. Fondo: La Gaceta del Norte. Autor: desconocido. 0301_006092_F-000785-006.*

· · · · · · · · ·

230. RUIZ DE VELASCO, Eduardo; VALLE, Julián: *Historia de Radio Bilbao*. 1972 (pág. 87).
231. RUIZ DE VELASCO, Eduardo; VALLE, Julián: *Historia de Radio Bilbao*. 1972 (pág. 97).
232. RUIZ DE VELASCO, Eduardo; VALLE, Julián: *Historia de Radio Bilbao*. 1972 (pág. 98).
233. RUIZ DE VELASCO, Eduardo; VALLE, Julián: *Historia de Radio Bilbao*. 1972 (pág. 101).
234. *La voz de los vascos en México*. 10 de agosto de 1953 (pág. 24).
235. RUIZ DE VELASCO, Eduardo; VALLE, Julián: *Historia de Radio Bilbao*. 1972 (pág. 104).

1962

Con el anterior tragaldabas hecho añicos, es de nuevo la emisora Radio Bilbao quien vuelve a recuperar la idea de crear una nueva saga de gigantes, cabezudos y Gargantúa. Su director, Eduardo Ruiz de Velasco —madrileño de nacimiento, pero bilbaino de corazón—, fue quien, a través de los micrófonos de la radio, solicita a todo el pueblo de Bilbao la colaboración para poder hacer realidad esta nueva generación de figuras.

Además de la participación de particulares y niños bilbainos, son muchos los comercios que ayudan desinteresadamente a hacer realidad el sueño de la radio emisora. Al igual que con los gigantes y cabezudos de esta generación, la construcción del Gargantúa corre a cargo de José Luis Teresa y Tomás Martínez de Arteaga en su taller ubicado en el barrio de Bolueta. La figura es construida íntegramente en plástico, resistente a humedades que acabaron con sus antecesores. Mientras que la cabeza y manos son obra de los citados constructores, el cuerpo es elaborado por la empresa Ceplástica de Galdakao. Del resto de accesorios se hacen cargo diversos comerciantes de la época, véase Curtidos Fernández aportando la enorme txapela, hermanitas García Escariz de las abarcas y calcetines o José Luis Azqueta de la colchoneta de Foamex-Firestone a colocar en la caída de la rampa del Gargantúa. Por su parte, la plataforma en la que va asentado (de tres metros de largo y de 1,4 metros de ancho) es regalada por la Base de Zorroza[236].

En medio de una gran expectación, el 19 de agosto de 1962 pasea por primera vez, junto a los nuevos gigantes y cabezudos, la cuarta dinastía de Gargantúa. El desfile parte del ayuntamiento bilbaino a las 10:30 de la mañana, finalizando en la Santa Casa de Misericordia. Entre medias, concretamente en el Arenal, en la plaza Elíptica y junto al Sagrado Corazón, se realizan una serie de paradas para que el glotón pudiera tragar a los primeros niños bilbainos. La prensa de la época así lo describe:

«El Gargantúa, con una boina de fúnebre color, pero enorme, más grande que ninguno de los que hemos tenido, tirada su carroza por una pareja de espléndidos bueyes vestidos con las mantas clásicas que preparó con unos bellos bordados don Manuel Ibinarriaga, echó a andar ante el pasmo de la chiquillería y el júbilo de las gentes mayores. (...) al comer a cada uno de los chicos ponía sus ojos en blanco»[237].

Mientras que los gigantes no pasan del día del estreno, el Gargantúa y los cabezudos continúan haciendo las delicias de los más pequeños los próximos días festivos de agosto. El pasacalles se inicia diariamente a las 11:00 de la mañana y recorre las calles Zabala, San Francisco, plaza de Zabalburu, alameda de San Mamés, Iparraguirre, Licenciado Poza, Gardoqui, Ayala y Hurtado de Amézaga[238].

Terminadas las fiestas, vuelve a aparecer el mismo problema que en anteriores ocasiones: la necesidad de disponer de un local para resguardar las figuras de la climatología adversa. El Gargantúa per-

En la página anterior, Gargantúa frente al mercadillo de Zabala en 1962. *ARCHIVO MUNICIPAL DE BILBAO. Fondo: La Gaceta del Norte. Autor: Cecilio hijo. 0301_006108_F-000785-006.*

236. *El Correo Español - El Pueblo Vasco*. 9 de junio de 1962.
237. *La Hoja del Lunes*. 20 de agosto de 1962 (pág. 4).
238. *La Gaceta del Norte*. 25 de agosto de 1962 (pág. 8).

Gargantúa durante su estreno en agosto de 1962. *Autor: Cecilio. Revista Diputación Foral de Bizkaia (1963).*

manece «*frente al mercadillo de Zabala. (...) Sin techo ni cobijo, el nuevo Gargantúa espera en ese lugar el momento de su traslado a un lugar adecuado*»[239]. Hubo que esperar hasta el 11 de noviembre para trasladarlo desde Zabala hasta el pabellón de industria pesada de la Feria de Muestras[240]. Al no entrar por la puerta, se opta por una caseta provisional, impidiendo así que quede a la intemperie. Víctor Javier Bilbao e Ignacio Allende ofrecen sus vigas desmontables para construir la mencionada caseta. En un principio dicho emplazamiento sería temporal, ya que el Ayuntamiento aprueba la construcción de la «*casa de los gigantes*», algo que vuelve a quedarse en el papel[241].

El Gargantúa continúa en activo, haciendo acto de presencia en diversas fiestas (no solo de Bilbao), además de ser un fijo en el Parque Infantil de Navidad (el clásico PIN), el cual se organizaba en la Feria de Muestras desde 1964. Ante tanto movimiento, además de unos cuidados deficitarios (había abandonado su ubicación en la Feria de Muestras para ser desplazado al local de la trituradora de basuras de Rekalde para, más adelante, trasladarse debajo de una tejavana al edificio de Materias Inflamables del barrio de Basurto), fueron necesarias varias reparaciones. Las más importantes se producen en 1968 y 1969, cuando José Luis Teresa realiza varios arreglos tanto en el tobogán como en la estructura del Gar-

· · · · · · · ·

239. *El Correo Español - El Pueblo Vasco*. 18 de septiembre de 1962 (pág. 3).
240. *El Correo Español - El Pueblo Vasco*. 17 de noviembre de 1962 (pág. 3).
241. *La Gaceta del Norte*. 23 de diciembre de 1962 (pág. 9).

gantúa, además de un repintado general y recambiar el bastidor de la plataforma. En 1968 el coste de las reparaciones asciende a 23 000 pesetas, mientras que la del siguiente año fue de 32 000 pesetas[242].

Prosigue tragando niños hasta finales de los años 70, aunque su deterioro se acrecenta con el paso de los años. En agosto de 1977 la prensa local se hace eco de su lamentable estado: «*En Algorta perdió una mano durante los últimos festejos y cuando era trasladado a Astrabudua (Erandio) se estrelló contra una pared, lesionándose de pronóstico reservado, la mano sana. Algún que otro gamberro ha terminado por agujerear uno de los pies del gigante. A estas alturas y, en definitiva, está como para dar lástima*»[243].

Ante esta situación y descartando por el momento remodelación alguna, se abandona en el edificio de Materias Inflamables.

Al año siguiente, en 1978, se replantea el modelo festivo existente hasta esa fecha. El Corte Inglés presenta en abril un concurso de ideas bajo el nombre *"¡Hagamos populares las fiestas de Bilbao!"*. El ganador de la propuesta es el colectivo Txomin Barullo, quien propone unas fiestas participativas, llenas de actos de diferentes características y gratuitos. Así, en julio de 1978 se constituye la primera Comisión de Fiestas de Aste Nagusia, las nuevas fiestas de Bilbao.

A falta de un mes para el comienzo de las nuevas fiestas, la Comisión de Fiestas expone la necesidad de comprobar el estado de la imaginería festiva de la Villa. De los gigantes no queda ni rastro, los

Gargantúa bajo la estructura que lo protegía de las inclemencias meteorológicas en 1962. *ARCHIVO MUNICIPAL DE BILBAO. Fondo: La Gaceta del Norte. Autor: Cecilio. 0301_006099_F-000785-006.*

· · · · · · · · ·

242. Archivo Municipal de Bilbao. C-015890/001 (1968-1970).
243. *El Correo Español - El Pueblo Vasco*. 21 de agosto de 1977 (pág. 3).

Gargantúa destrozado en los almacenes municipales en 1978. *ARCHIVO MUNICIPAL DE BILBAO. Fondo: La Gaceta del Norte. Autor: Cecilio hijo. 0301_006114_F-000785-006.*

cabezudos se encuentran en malas condiciones y el Gargantúa está completamente destrozado. Ante esta situación y sin apenas tiempo, se opta por solicitar la cesión de sus figuras al Ayuntamiento de Vitoria-Gasteiz. Mientras que los gigantes llegan a Bilbao en un camión, para transportar al Gargantúa babazorro es necesario un tráiler especial llegando, tras muchas complicaciones, la madrugada del 19 de agosto a la capital vizcaina[244].

Finalizada la primera edición de Aste Nagusia, la Comisión de Fiestas plantea la idea de recuperar al viejo Gargantúa. La relación de éstos con el grupo teatral Cómicos de la Legua-Kilikilariak y en concreto con Pedro Goiriena permite solicitar al artista barakaldés la restauración total de la figura, aceptando la idea y presupuestando

su arreglo en 400 000 pesetas. El miembro de la Comisión Marino Montero lanza el 17 de mayo de 1979 a los medios de comunicación el proyecto, pidiendo a su vez la cantidad de dinero necesaria, hecho que se produce el 11 de julio del citado año cuando la Caja de Ahorros Vizcaína asume públicamente el coste[245]. La restauración se lleva a cabo en la Feria de Muestras quedando listo para el 20 de agosto, primer domingo de fiestas. *«El poliéster (...) estaba totalmente podrido por la humedad, reblandecido y con agujeros, rellenados con escayola en anteriores reparaciones. Muchas goteras y la estructura metálica interior, corroída y debilitada. Las manos estaban totalmente amputadas, el tobogán ha quedado rehecho y el poliéster, reforzado con resinas, para conseguir una dureza a prueba de cualquier golpe. La mesa donde se apoyan las manos*

· · · · · · · · ·

244. *El Correo Español - El Pueblo Vasco*. 19 de agosto de 1978.
245. *La Hoja del Lunes*. 16 de julio de 1979 (pág. 6).

también es prácticamente nueva. Al retirarla se colocaron unos contrafuertes para que no se venciera el aldeano hacia delante»[246].

Pese a la disposición inicial del Consistorio bilbaino de cuidar el remodelado Gargantúa, las viejas costumbres no desaparecen y pasa el año debajo de una tejavana en el pabellón de materias inflamables de la calle Novia Salcedo en el distrito de Basurto. Esta situación provoca las quejas de Cómicos de la Legua-Kilikilariak, el grupo infantil Oskus y la Comisión de Fiestas[247]. El Ayuntamiento cede y aprueba el abono de 50 000 pesetas para un nuevo arreglo del gigante, quedando listo para las fiestas de 1980. Las reparaciones fueron un continuo en los próximos años, siendo prácticamente necesario que anualmente pasase por el taller de Goiriena ubicado en Sopuerta. Lo cierto es que la estructura interior estaba totalmente podrida después de tantos años de humedades lo que provocaba que el Gargantúa cediese hacia un lado más de 50 centímetros, quedando por tanto inclinado.

El entrañable personaje conoció dos Gargantúas más que, durante un tiempo lo sustituyeron, quedando este relegado a visitar los barrios o pueblos colindantes que solicitasen su presencia. Su ubicación continuó siendo deplorable, pasando una temporada bajo el puente de La Salve, poco después trasladado al depósito de grúas de Uribitarte para terminar en el depósito municipal de vehículos de Zorrozaurre. Después de idas y venidas, en 1997 el Ayuntamiento lo traslada al Parque Municipal de Limpieza situado en Elorrieta, donde desde entonces descansa durante todo el año[248].

Gargantúa en la Feria de Muestras durante la renovación realizada por Cómicos de la Legua-Kilikilariak en 1979. *ARCHIVO MUNICIPAL DE BILBAO. Fondo: La Gaceta del Norte. Autor: Betargi. 0301_006112_F-000785-006.*

· · · · · · · · ·

246. *La Gaceta del Norte*. 19 de agosto de 1979 (pág. 5).
247. *El Correo Español - El Pueblo Vasco*. 26 de junio de 1980.
248. Archivo Municipal de Bilbao. C-045634/002 (1997).

La rotura de una de las palancas provocaba que los ojos quedaran en blanco, dando un aspecto aún más terrorífico. Aste Nagusia 1982. *ARCHIVO MUNICIPAL DE BILBAO. Fondo: La Gaceta del Norte. Autor: desconocido. 0301_006109_F-000785-006.*

El viejo Gargantúa no se libra de las anuales reparaciones. En la fotografía junto a Pedro Goiriena en 1985. *ARCHIVO MUNICIPAL DE BILBAO. Fondo: La Gaceta del Norte. Autor: Imanol García Sáez. 0301_006118_F-000785-006.*

Entre tanto movimiento, las restauraciones no cesan. Tras años de total abandono, en junio de 1993, el artista debarra José Ignacio Urbieta realiza un intenso arreglo a la figura. Deshecha las anteriores manos creadas por Goiriena para colocarle dos nuevas de menor tamaño. Además, arregla la estropeada boca y da una mano de pintura, todo ello por 547 102 pesetas[249]. Tan solo tres años más tarde Argi-Studio realiza un nuevo arreglo, sustituyendo el tobogán, restaurando la tarima y escaleras y reforzando los anclajes interiores para evitar su continua inclinación. Todo ello asciende a 257 180 pesetas[250]. El hierro interior que sujeta el Gargantúa seguía totalmente podrido, y ante esta situación en el año 2000 se opta por sustituirlo completamente. Este hecho provoca que el tamaño de la figura disminuya considerablemente.

Actualmente sus apariciones son esporádicas en las fiestas de los barrios bilbainos. Cabe destacar su presencia en la película del director Álex de la Iglesia *Las brujas de Zugarramurdi* del año 2013, donde este personaje devora al niño protagonista, evocando al pasar por su tobogán y salir por su parte trasera la muerte y resurrección. Además, desde hace unos años hace presencia también en Aste Nagusia o en Kalealdia.

· · · · · · · · ·

249. Archivo Municipal de Bilbao. C-038365/001 (1993-1996).
250. Archivo Municipal de Bilbao. C-038513/020 (1996).

GARGANTÚA

Constructores: José Luis Teresa y Tomás Martínez de Arteaga (Bilbao)
Fecha de presentación: 19 de agosto de 1962

1986

Con las continuas reparaciones del Gargantúa de 1962 y teniendo en cuenta el coste que estas conllevan, el Ayuntamiento encarga a Pedro Goiriena la construcción de un nuevo bulto. Goiriena, en un extenso presupuesto, presenta las características de esta nueva figura entre las que destacan las mejoras respecto al anterior Gargantúa en lo relativo a oquedades que provocaban la formación de charcos y de polvo que afectaban a la estructura. Para evitar verse a la intemperie, Goiriena plantea una estructura que se montaría sobre la plataforma en la que descansa el nuevo Gargantúa permitiendo así, además de tapar la figura, la movilidad de la propia estructura[251].

Tras cerca de un año de negociaciones, en 1986 el Ayuntamiento aprueba la construcción del nuevo Gargantúa por un total de 4 400 000 pesetas[252]. La premura de tiempo con la que se realiza con el fin de estar listo para Aste Nagusia 1986 provoca que se presente en sociedad sin estar completamente finalizado, con la pintura aún sin secar.

El 17 de agosto de 1986 hace su primera aparición. El nuevo Gargantúa, fiel a su estilo de baserritarra, tiene unas facciones menos agresivas que su antecesor y, a diferencia de los anteriores, no mueve los ojos al cerrar la boca. Presenta un mayor tamaño, con siete metros de longitud, ocho metros de alto y tres metros y medio de ancho[253]. Antes de partir desde el Ayuntamiento hasta el Arenal, el conocido como cura del circo Juan María Mendizabal bautiza al gigantón con el nombre de Julen. La idea de nombrarle así es de Eduardo Ruiz de Velasco quien, en un artículo[254] alega que los últimos tres Gargantúas habían sido promovidos por tres Julianes: Julián del Valle, Julián Etxebarria *Camarón* y, este último, por Julián Fernández, presidente de la Comisión de Fiestas. Es precisamente Julián Fernández el primero en adentrarse en el nuevo Gargantúa.

En la página anterior, Gargantúa en la plaza Arriaga en 1986.
ARCHIVO MUNICIPAL DE BILBAO. Fondo: La Gaceta del Norte.
Autor: desconocido. 0301_006121_F-000785-006.

251. *La Gaceta del Norte*. 5 de agosto de 1986 (pág. 13).
252. *La Gaceta del Norte*. 5 de agosto de 1986 (pág. 13).
253. *La Gaceta del Norte*. 5 de agosto de 1986 (pág. 13).
254. *El Correo Español - El Pueblo Vasco*. 3 de junio de 1986 (pág. 8).

Construcción del Gargantúa en el caserío de Pedro Goiriena ubicado en Sopuerta, Bizkaia. *ARCHIVO MUNICIPAL DE BILBAO. Fondo: La Gaceta del Norte. Autor: José María Miranda. 0301_006120_F-000785-006.*

Esta nueva figura resulta un fiasco. A su curioso aspecto físico, que nunca fue del gusto de los allí presentes, se le une el pequeño tamaño de su boca que provoca dificultades para entrar por ella.

La prensa lo cataloga como «*Julen, el anti gorditos*»[255]. Ante las protestas de padres y madres, el jueves 21 de agosto abandona el recinto festivo entre abucheos de los allí congregados. Pasa el resto de Aste Nagusia aparcado junto a su antecesor, debajo del puente de La Salve[256].

Finalizadas las fiestas, es trasladado al caserío de Sopuerta donde Goiriena modifica el mecanismo de la boca y demás desperfectos.

El 27 de noviembre de 1986, mientras Goiriena suelda la nueva boca, una chispa produce una combustión en la parte trasera de la figura que provoca un grave incendio que acaba con Julen y parte del caserío[257]. Este fue el desastroso final del Gargantúa con menor duración habido hasta el momento.

· · · · · · · · ·

255. *El Correo Español - El Pueblo Vasco*. 19 de agosto de 1986 (pág. 22).
256. *El Correo Español - El Pueblo Vasco*. 23 de agosto de 1986 (pág. 22).
257. *El Correo Español - El Pueblo Vasco*. 30 de noviembre de 1986 (pág. 5).

El estreno del nuevo Gargantúa recogido en prensa. 18-08-1986. *La Gaceta del Norte (pág. 42). Biblioteca Foral de Bizkaia - Bizkaiko Udal Liburutegia.*

1988

Ante el fracaso del Gargantúa Julen y debido al mal estado en el que aún permanece el antiguo Gargantúa de 1962, la Comisión de Fiestas contacta con el artista de Deba José Ignacio Urbieta que presenta, el 7 de julio de 1987, el proyecto de un nuevo Gargantúa[258]. La primera maqueta propone modelar la figura de un aldeano con blusa, algo delgado y con cara de pocos amigos. Sin embargo, el escepticismo del Ayuntamiento ante esta primera propuesta es palpable y Urbieta decide modificar la inicial maqueta, presentando un personaje con txapela negra, camisa blanca, chaleco gris, faja negra, pantalón milrayas y abarcas, el cual porta, además, cuchara y tenedor en sus manos cerradas con el fin de no tapar la cara[259]. La Comisión de Fiestas aprueba el proyecto con un presupuesto inicial de 3,6 millones de pesetas[260].

De la construcción de la figura se encarga el artista fallero Vicente Luna en sus talleres de Valencia, desde el modelado en poliéster hasta la pintura final, construyéndose sobre una resina ignífuga de cara a evitar un fatídico final como su antecesor. Se fija, en un principio, Aste Nagusia 1987 como fecha para presentar al nuevo tragaldabas. Sin embargo, diversas complicaciones a la hora de realizar la figura, así como la necesidad de aumentar en un metro su tamaño, obligan a retrasar su fecha de estreno, incrementando el presupuesto pactado en un primer momento. La figura se realiza en un tiempo récord, quedando lista para hacer su estreno en Aste Nagusia 1988.

· · · · · · · · ·

258. *El Correo Español - El Pueblo Vasco*. 9 de julio de 1987 (pág. 8).
259. *El Correo Español - El Pueblo Vasco*. 9 de julio de 1987 (pág. 8).
260. *El Correo Español - El Pueblo Vasco*. 31 de julio de 1988 (pág. 11).

Gargantúa en 1988. *Archivo Javi Santamaria.*

Gargantúa durante la bajada desde la plaza Elíptica de Aste Nagusia 1994. *ARCHIVO MUNICIPAL DE BILBAO. Fondo: Ayuntamiento de Bilbao. Autor: desconocido. 01_013939_F-000080-009.*

Gargantúa junto a los bueyes en la bajada de Aste Nagusia 1997. *ARCHIVO MUNICIPAL DE BILBAO. Fondo: Ayuntamiento de Bilbao. Autor: desconocido. 01_013908_F-000086-010.*

Su transporte se produce en un camión góndola de 14 metros, teniendo que descomponerse el Gargantúa en tres partes debido a su gran tamaño: el cuerpo, por una parte, la cabeza por otra y, por último, la txapela, que son armadas una vez llegadas a Bilbao. El traslado, con un coste de 300 000 pesetas, dura tres días[261].

El nuevo Gargantúa hace su presentación en sociedad el 20 de agosto de 1988, en la tradicional bajada de las comparsas que da inicio a Aste Nagusia, acompañando al día siguiente a los gigantes y cabezudos desde la plaza Elíptica hasta el Arenal, su emplazamiento durante todas las fiestas.

La nueva figura, de mayor tamaño que el anterior, mantiene su aspecto aldeano. Sin embargo, presenta una imagen amigable y simpática, difiriendo de los cánones que rigen la imagen del Gargantúa. A Vicente Luna no se le proporciona ninguna referencia de los anteriores tragaldabas con lo que hace una interpretación errónea sobre el movimiento de los ojos al cerrar la boca. Luna instala un mecanismo en el nuevo Gargantúa el cual al ponerlo en marcha provoca el movimiento de manos, boca, ojos y cejas, algo alejado de los anteriores bultos que, al cerrar la boca por el cocinero encargado de introducir a los niños este movía los ojos. Miembros de la Sociedad del Gargantúa califican de «*blando, pas-*

· · · · · · · · ·

261. *El Correo Español - El Pueblo Vasco*. 31 de julio de 1988 (pág. 11).
262. *El Correo Español - El Pueblo Vasco*. 22 de agosto de 1988 (pág. 27).

telón y muñeco de Walt Disney», declarándolo *«hijo ilegítimo»*, al no cumplir con la importante función de asustar a los niños. Es definido como Ninot, planteando incluso la idea de absolver a Marijaia y quemar al nuevo Gargantúa al finalizar las fiestas[262].

Actualmente es el Gargantúa oficial del Ayuntamiento, quien hace acto de presencia en Aste Nagusia. Pasa el año descansando junto al viejo Gargantúa de 1962 en el depósito municipal de limpieza situado en Elorrieta.

Gargantúa con antifaz durante los carnavales de 1997. *ARCHIVO MUNICIPAL DE BILBAO. Fondo: Ayuntamiento de Bilbao. Autor: desconocido. 01_013986_F-000100-013.*

GARGANTÚA

Constructor: Vicente Luna (Valencia)
Fecha de presentación: 20 de agosto de 1988

Gargantúa en Bizkaia

Gernika

Gargantúa de Gernika hacia 1930. *Archivo Gernikazarra.*

Bilbao no es la única urbe en poseer la figura del Gargantúa, otros municipios de Bizkaia copian el modelo, expandiendo así esta entrañable diversión para los más pequeños por todo el territorio.

Bilbao mantenía su hegemonía siendo el único territorio vasco con Gargantúa. Como ya se ha visto en la historia de los gigantes y cabezudos de Gernika, el consistorio adquiere en 1915 a Basterra y Larrea *«seis Gigantes, cuatro Cabezudos y un Gargantúa (...) confeccionados para otra población, pero como quedase con ellos la casa constructora, por causas que no son del caso enumerar en este lugar, los Adquirió (...)»*[263].

Al igual que los gigantes y cabezudos, el Gargantúa es prácticamente idéntico al bilbaino, algo que ocurre unos años después con el grandullón encargado por el Ayuntamiento de Vitoria-Gasteiz. El bulto, junto con el resto de las figuras, hace su presentación en las fiestas de 1915 en un gran desfile en el que participa todo el pueblo de Gernika. Se mantiene en activo hasta ser destruido en el bombardeo del 26 de abril de 1937.

Tras décadas desde su desaparición, en 2016 el Ayuntamiento de Gernika plantea recuperar al glotón personaje. Por ello encarga a los hermanos Garate de Irun la construcción de la nueva figura. Con unas dimensiones de 4,5 metros de largo y 4 metros de ancho, mantiene la característica de cerrar la boca y los ojos en el momento en el que alguien traspase su enorme boca. Hace su presentación el 12 de agosto del mismo año, recreando el recorrido realizado por el antiguo Gargantúa en 1915. Su coste final fue de 49 464 euros[264].

Gargantúa de Gernika en 2022. *Autores: Borja Romero y Aitor Santamaria.*

· · · · · · · · ·

263: IRIGOIEN, Iñaki; GAMINDE, Jon: *Gigantes y cabezudos en Bizkaia.* 1998 (pág. 30).
264: *DEIA.* 13 de agosto de 2016.

Barakaldo

En julio de 1980 Pedro Goiriena, aún miembro de Cómicos de la Legua-Kilikilariak, presenta al Ayuntamiento de Barakaldo los bocetos para los nuevos gigantes, cabezudos y Gargantúa solicitados por la Comisión de Cultura. Mientras que los gigantes y cabezudos los relaciona con personajes típicos del municipio, al Gargantúa le da otra imagen, lejana del prototipo del grandullón con txapela. En esta ocasión Goiriena proyecta un hombre trajeado, corbata incluida, representando la figura del especulador, habitual en aquellos años[265].

El Ayuntamiento aprueba primeramente la construcción de los gigantes y cabezudos, más urgente dado el estado en el que se encuentran las antiguas figuras, dejando apartado, por el momento, el proyecto del Gargantúa. Ya en 1981 se recupera la idea y aprobada por la Corporación Municipal se inicia su construcción en junio del citado año. El boceto inicial de un Gargantúa trajeado no cuaja, con lo que Goiriena, ya en el grupo Kasimorone de Sopuerta, modifica su aspecto inicial a un ferrón sentado sobre un yunque inspirado en los antiguos trabajadores de las ferrerías de Las Encartaciones. Su tamaño (8 metros de largo, 3,65 de ancho, 5 metros de altura y 2,5 toneladas de peso[266]) es mayor que el de Bilbao. Este hecho dificulta excesivamente su traslado desde Sopuerta hasta Barakaldo, y es que hay que esperar hasta junio de 1982 para poder verlo por las calles del municipio, cuando el gigantón llevaba finalizado desde enero. Es necesario un tráiler para su transporte además de dos grúas para levantar los cables del paso a nivel del barrio de Galindo que impide su paso[267]. El coste de la construcción del Gargantúa es de dos millones y medio de pesetas, a los que hubo que añadir las más de 200 000 pesetas de transporte[268].

Dado su gran tamaño, no puede ser almacenado en ningún edificio municipal, por lo que es ubicado en los terrenos colindantes de los almacenes municipales en el barrio de San Vicente, con la idea de colocar una estructura de mecanotubos y toldos para no quedar a la intemperie.

Según un testimonio, un operario, al ver que el Gargantúa impedía su paso dentro de los almacenes municipales, toma una sierra eléctrica y trocea la figura, poniendo punto final a la corta vida de este curioso personaje.

265. *El Correo Español - El Pueblo Vasco*. 30 de julio de 1980.
266. *El Correo Español - El Pueblo Vasco*. 13 de septiembre de 1981 (pág. 6).
267. *La Gaceta del Norte*. 17 de junio de 1982 (pág. 4).
268. *El Correo Español - El Pueblo Vasco*. 16 de junio de 1982 (pág. 6).

Gargantúa de Barakaldo en 1982. *ARCHIVO MUNICIPAL DE BILBAO. Fondo: La Gaceta del Norte. Autor: Francisco Gras. 0301_006115_F-000785-006.*

El Gargantúa de "Tulipán"

Salud y alegría por toda España con TULIPAN y su famoso GARGANTUA

UNTE EL PAN CON Tulipán

¡NIÑOS! EN LA VUELTA CICLISTA A ESPAÑA, gozar con el GARGANTUA

Y en casa comer siempre CREMA TULIPAN

Publicidad del Gargantúa Tulipán. *Pensamiento Alavés 18-04-1957 (pág. 4).*

La empresa Agra, dedicada a la producción y venta de margarinas, saca al mercado la marca Tulipán a finales de los años 40. Para lograr mayor publicidad y aprovechando la recuperación de la Vuelta Ciclista en 1955, encarga la construcción de un Gargantúa a José Luis Teresa (encargado años más tarde de la construcción de los gigantes, cabezudos y Gargantúa para Bilbao) con el fin de pasearlo por Bizkaia en la caravana publicitaria que precedía a la vuelta ciclista.

Construido en los talleres de Plásticos Armados S.A. de Santurtzi[269], se estrena en la Vuelta Ciclista de 1956[270], hecho destacado en la prensa: «*El Gargantúa de Tulipán, que está hermoso y colorado porque se alimenta sin duda con el famoso y vitamínico alimento, será desde luego una de las más destacadas atracciones de la Caravana Publicitaria y de los parques de la misma, en los que además de "comerse niños" entregará obsequios y regalos porque le gustan los pequeñuelos*»[271]. La figura, de menor tamaño que los otros Gargantúas conocidos hasta la fecha, llama la atención al haber sido realizado íntegramente de plástico: «*Primeramente se modela en arcilla. Del modelo obtenido se confecciona un molde en piezas. Una vez conseguido ésto y preparado debidamente dicho molde para que el plástico no se adhiera a él, se vacía utilizando*

269. *El Correo Español - El Pueblo Vasco.* 2 de junio de 1957 (pág. 7).
270. *El Correo Español - El Pueblo Vasco.* 24 de marzo de 1956 (pág. 11).
271. *El Correo Español - El Pueblo Vasco.* 24 de junio de 1956 (pág. 11).

Gargantúa de Tulipán en la década de los 70. *Fondo familiares Mikel Astelarra Ota-zua. Filmoteca Vasca - Euskadiko Filmategia.*

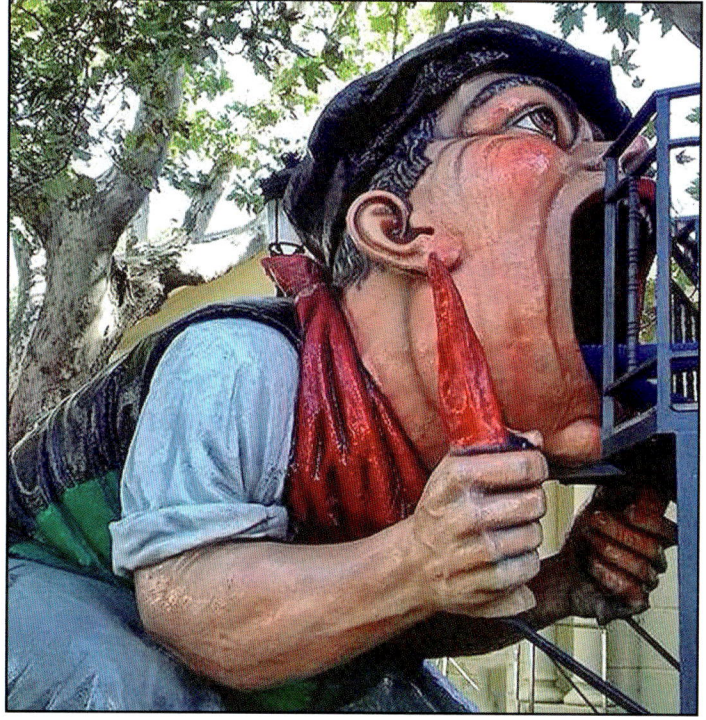

El *Tragantúa* en la actualidad.

resina para luego pasarlo a una cámara de secado, donde el plástico termina de curar y adquirir la dureza y fortaleza que le caracteriza»[272]. Aunque mantiene su clásica indumentaria de aldeano, txapela incluida, esta vez porta en sus manos un trozo de pan y un cuchillo untado en Tulipán.

Continua así hasta 1960, año en el que es cedido al municipio de Logroño donde llega para quedarse. El Tragantúa (como se le conoce en la capital riojana) aún se conserva y, a pesar de las restauraciones sufridas en 1998 y en el año 2000, conserva su aspecto inicial, manteniendo el cuchillo y pan originales.

· · · · · · · · ·

272. *El Correo Español - El Pueblo Vasco.* 2 de junio de 1957 (pág. 7).

Para cualquier observación, crítica o aportación al libro:
librogigantes@gmail.com

Agradecimientos

Aingeru Astui

Ainhoa Urbieta

Aitor Calleja

Ander Hormaetxea

Aritz Labrador

Archivo Foral de Bizkaia

Archivo Municipal de Basauri

Archivo Municipal de Bilbao

Archivo Municipal de Markina

Ayuntamiento de Elorrio

Basauriko Kultur Etxea

Eleder González

Emilio García

Emilio Xabier Dueñas

Euskal Museoa - Museo Vasco Bilbao

Filmoteca Vasca - Euskadiko Filmategia

Gerediaga Ekartea

Gernikazarra Kultur Elkartea

Iñaki García Uribe

Iñigo Etxebarria

Iñigo Obeso

ispaster_eleizalde

Javier Gorostiola

Javi Santamaria

Jon Etxebarri

Jon Ibarra

Jordi Miralles

José Luis Garaizabal Flaño

José Mari Amantes

Josu Cámara

Karla Llanos Etxabe

Kriskitin Dantza Taldea

Lamiako Maskarada

Mairuek Gaztediko Erraldoiak

Margarita Ruiz de Velasco

Mertxe Urbieta

Miembros de la Colla de Gegants de Molins de Rei

Mikel Eraso

Mikel Uriz

Miquel Burgés

Ortuellako Polunpak Taldea

Pablo Turrillas

Pedro Goiriena

Pere Marañón

Txemi Mera

Txetxu Lambarri